青少年体质健康
与运动锻炼指导研究

蒋争争 著

九州出版社
JIUZHOUPRESS

图书在版编目（CIP）数据

青少年体质健康与运动锻炼指导研究 / 蒋争争著 .

北京 : 九州出版社 , 2024. 7. -- ISBN 978-7-5225
-3211-0

Ⅰ . G479；G806

中国国家版本馆 CIP 数据核字第 202490AN84 号

青少年体质健康与运动锻炼指导研究

作　者	蒋争争　著	
责任编辑	周红斌	
出版发行	九州出版社	
地　址	北京市西城区阜外大街甲 35 号（100037）	
发行电话	（010）68992190/3/5/6	
网　址	www.jiuzhoupress.com	
印　刷	北京亚吉飞数码科技有限公司	
开　本	710 毫米 ×1000 毫米　16 开	
印　张	12.25	
字　数	202 千字	
版　次	2025 年 3 月第 1 版	
印　次	2025 年 3 月第 1 次印刷	
书　号	ISBN 978-7-5225-3211-0	
定　价	85.00 元	

前　言

　　青少年的体质发展关系到国家未来发展建设,因此无论怎样重视都不为过,并且,就我国青少年当前的整体体质状况而言,加强体育锻炼是当务之急。由于我国人口基数大,竞争始终都非常激烈,再加上多年应试教育理念的影响,青少年学生将大部分时间和精力都用于文化知识的学习上,而对体育锻炼的重视程度远远不够。长此以往,青少年群体的体质出现明显的下降趋势。为了缓解这一趋势,国家专门出台了"双减"政策,就是为了减轻青少年的学业压力,让他们有更多的时间培养运动习惯,锻炼身体,增强体质。在这样的时代背景下,著者研读了大量相关著作文献,并精心撰写了本书。

　　本书共六章,第一章分析了青少年体质发展状况与影响因素。由于我国实行九年义务教育制度,全国各个地区的教育模式、内容基本一致,青少年群体基本都受到应试教育的影响,对体育锻炼没有足够深刻的认识,他们宁愿把时间用于刷题或者上补习班,也不愿去进行体育锻炼,因此体质发展状况普遍不佳。第二章的主要内容围绕着青少年的体质测评理论和方法,并针对我国青少年的健康状况,给出一些健康监控的建议。第三章是对运动锻炼的理论、原则、运动处方以及锻炼误区等展开分析。第四章对青少年的体能锻炼含义、原则和方法、计划的内容讲解进行了研究。第五章对具有不同体质和健康状况的青少年群体,分别给出锻炼指导方法和建议,内容较为全面。第六章则从运动项目出发,选择一些适合青少年的运动锻炼项目,并对每个项目的锻炼方法和注意事项作了详细的讲解和介绍。

　　整体而言,本书结构清晰,逻辑严谨,内容基本做到理论与实践相结合,因此具有较高的实践指导价值,尤其是从现实情况出发,针对我国当前青少年的体质发展水平,进行了理论分析和现实论证,给出一些具有实践性和可操作性的锻炼指导意见和方法,并分别针对不同体质的青少年给出了详尽的运动锻炼指导。同时,又从运动项目的角度出发,引导青少年对体操、球类、游泳等常见运动形式培养兴趣并加强锻炼。总之,本书理论论证充分,实践方法翔实,对促进当前青少年体质发展具有较强的指导价值,可作为体育教育工作者、家长指导学生加强体育运动的一本参考书。

本书在撰写过程中参考并借鉴了很多专家、学者的研究成果,在此表示诚挚的感谢。由于著者水平有限,书中难免有不妥与疏漏之处,敬请广大读者批评指正。

目　录

第一章

青少年体质发展状况与影响因素

　　我国青少年体质发展水平呈现逐年下降的趋势，这对国家发展和国民健康是一个严峻的挑战。少年强则国强，青少年的健康体魄是国家有序发展的基本的条件。在这样的背景下，研究我国青少年群体的体质发展状况显得格外重要和迫切。本章将从体质与健康的内涵、青少年身心发展特点、青少年体质发展状况调查、影响青少年体质发展的因素分析以及"双减"政策下青少年体质发展的思考几个方面展开分析。

第一节　体质与健康的内涵

一、体质的内涵

体质最早的定义为某个人类个体所包含的一切生物学特征(如生活习性特征、适应力特征,个体的生长发育规律,个体成长阶段的典型表现等)。中国对"体质"这一概念有着较为深入的研究。随着社会历史向前推进,科学文化向前发展,从古老的中医到现代的医学、体育等各大学科门类都对体质相关理论体系进行了探索,体质的概念被不断丰富和完善,其涉的范围也越来越广。

古代中医强调生命得以健康存在的基本特性——"形神合一"。形指生命体的形体,神指生命体的生命机能,由形生神,神受形的操控,神明则形安。可见,古代中医概念中良好的体质包括良好的形体和生命机能。

中国现代学术界(包括人类学、医学、体育学等)经过不断地研究,已形成了较为完善的关于体质的理论,并且其成果充分体现了中国特色。

(1)人类学中与体质相关的概念及内容。人类学重点研究人类的起源与发展,人类物质文明和精神文明的发展。体质人类学这门学科是人类学的一部分,从生物、文化等多角度研究人类体质特征的发展变化和规律,涉及多方面的内容,如人类的起源、人类不同体质特征形成与分布的原理、人类的生长发育、人体的结构与机能、人类遗传与变异等。

(2)体育界对体质的定义是:体质是人体在遗传和获得性上表现出来的综合人体的形态结构、生理功能、心理因素等多种特征的相对稳定的状态。主要包括以下多方面的内容。

①个体身体发育水平。

②个体身体机能水平。

③个体的身体素质和运动水平。

④个体心理发育水平。

⑤个体的适应能力。

从体育界对体质这一概念的定义可以看出，体质是一个统一的、相互联系的整体，涉及人体身心两个方面的密切关系。拥有不同种族、民族、地域特征背景的人的体质发展表现出不同模式，既有规律性，又有特殊性。体质是维持人体健康的基础，一旦体质状况下降，人体正常的生物特性会发生病理病变。要想具备好的体质，不仅需要拥有良好的身体发育状况、健壮的体格、匀称的体型，还需要拥有功能良好的心血管系统、呼吸系统、运动系统等，以确保人体能够顺利地应对日常生活和工作中的压力和体力消耗，以及保证人体心理发育健全，情绪乐观，意志坚定，并对突发状况和灾难性事件有较强的抵抗能力。

"体质"作为体育界关注和研究健康问题的独特视角，越来越受到人们的关注。总而言之，对体质这一概念的认识建立在解剖学、生物化学、医学、心理学、社会学、体育等各种学科的理论基础之上，人们需要通过进一步的研究和探索揭示其本质。

二、健康的内涵

俗话说，"幸福首先在于健康"，可见，健康对于一个人有着非常重要的意义。"健康"一词通常是指个体没有疾病，各项机能处于正常的运行状态。日常生活中，人们常常把个体没有受到疾病的困扰，生活质量较高视为健康。《辞海》中对健康的定义如下："人体发育状态良好、体格健壮、各器官系统无不良状况，个体精神状态佳并能够维持良好的劳动效能。一般情况下，个体的健康状况可以通过体格检查和多种不同类型的生理指标衡量。"这一概念的提出虽然较日常使用的"健康"有了更为丰富的内涵，但是仅把人看作生物有机体，而没有把人看作社会人。常见的与健康有关的标准包括以下几点。

（1）身高、体重等身体指标处于该年龄段发育的正常范围。

（2）体温、脉搏、呼吸等正常。

（3）有一定的抵抗能力，不易被感染各种流行性疾病。

（4）皮肤、头发有光泽，眼睛明亮。

（5）性格开朗活泼，没有心理疾病和心理功能性障碍。

（6）生活作息规律，排便正常有规律等。

（7）精力充沛，生活态度积极，乐于承担责任，事无大小，尽职尽责。

这几条标准较为详细地解释了"健康"这一概念，不仅从体格健康方面提出了诸如身高、体重、皮肤、眼睛的具体健康状态，而且强调保持积极乐观的态度和对外界环境变化（自然环境和社会环境）有较强的应变能力。

三、体质与健康的关系

通过检索各种文献材料发现，很少有相关研究致力于揭示体质与健康之间的关系。由于相关研究的匮乏，出现人们对体质与健康两词的混用、对二者关系的认识模糊等诸多现象也就不足为怪了。但现如今，人们对生活质量的要求越来越高，对健康越来越关注，加强对体质与健康二者关系的深刻认识有着非常重要的时代意义。

根据目前的研究成果来看，体质与健康的关系包含以下几点。

（1）体质与健康二者紧密联系，不可将二者割裂开来。具体表现在体质是健康的物质基础，健康是良好体质的外在表现，体质离不开健康，健康也离不开体质。

（2）体质与健康之间的关系是"特质"与"状态"间的关系。人体的质量可以简单理解为体质，质量有好有坏，体质也有好有坏，而健康恰恰体现出了好的体质状态。但即使两个人同样健康，各自的体质也可能存在差别。有相关研究表明，长期进行体育锻炼对人体的体质和健康都大有益处。

第二节　青少年身心发展特点

一、青少年身体发展特点

(一)生长发育年龄阶段的划分与青春发育期

1. 年龄阶段的划分

按照人类生长发育的规律以及身心特点,可以将人的年龄划分成不同的阶段。表 1–1 是具体的年龄划分。

表 1–1　人类年龄阶段划分 [①]

时　期	年　龄
婴儿期	1 ~ 2 岁
幼儿期	3 ~ 6 岁
童年期	7 ~ 12 岁
少年期	13 ~ 17 岁
青年期	18 ~ 25 岁

2. 少年期

少年时期也就是人的年龄处于 13 ~ 17 岁的时期。这一阶段人的身心生长发育速度是一生中最快的时候,在现实生活中少年时期一般是中学时期(包括初中和高中)。

3. 青年期

每个人出生时由于性染色体不同,决定性腺不同,即有男女的性别,

---

① 康喜来,万炳军.青少年运动训练原理与方法 [M].西安: 陕西师范大学出版社,2012: 52-53.

称为"第一性征",也是主要特征,这是性的本质区别。在性激素的作用下,出现男女性征上的继发性特征,称为"第二性征"或"副性征"。第二性征标志着已进入青春发育期,性腺逐渐成熟,机能逐渐完善,男女之间的性别差异日益明显。青年时期也就是人从少年时期过渡到成人的一个迅速发育的阶段,以人的性成熟为结束。

(二)青少年身体素质发展规律

身体素质是机体各个器官、系统机能的综合表现。青少年的身体素质一方面随着身体的发育成熟提升,另一方面又通过进行体育锻炼得到增强。促进青少年参加体育活动,应该根据青少年身体素质发展的特点,采取科学的训练方式。下面我们对青少年的身体素质发展规律进行分析。

1. 身体素质的自然增长

表 1–2　青少年身体素质递增均值比较[①]

指　标	逐年增长平均值
60 米跑(速度素质)	0.13 ~ 0.22 秒
400 米跑(速度耐力素质)	0.68 ~ 1.63 秒
1 分钟快速仰卧起坐(腰腹肌力,速度耐力)	0.23 ~ 0.6 次 / 分
立定跳远(下肢爆发力)	2.27 ~ 5.88 厘米
屈臂悬垂(抗体重静力性力量)	0.66 ~ 2.2 秒

如表 1–2 所示,所谓身体素质的自然增长,是指人的身体素质在出生至 25 岁之间,随着年龄的增长而增长。人的身体素质发展在青少年时期最突出的特征,就是增长的幅度非常大,增长的速度也非常快。一般,男生在 15 岁左右,女生在 12 岁左右,身体素质开始迅速增长,性成熟之后,身体素质的增长速度放缓。

[①] 康喜来,万炳军.青少年运动训练原理与方法 [M].西安:陕西师范大学出版社,2012:38.

2. 身体素质发展的阶段性

个体身体素质的自然增长过程包括增长阶段和稳定阶段。增长阶段是身体素质随年龄增长而递增的年龄阶段,其中包括快速增长阶段、停滞下降阶段和缓慢增长阶段。稳定阶段是身体素质增长的速度明显减慢或停滞,甚至有所下降的年龄阶段,见表1-3。

表1-3　青少年身体素质发展的阶段划分[①]

身体素质	男生岁数	女生岁数
快速增长阶段	7 ~ 15	7 ~ 12
停滞下降阶段	16 ~ 20	13 ~ 16
缓慢增长阶段	—	17 ~ 20
稳定阶段	21	21

3. 身体素质发展的敏感期

不同年龄阶段,人的身体素质的发展呈现出不一样的特点,根据身体素质发展速度的快慢,我们将身体素质的发展阶段划分为"敏感期"(发展速度快)和"非敏感期"(发展速度慢)。男生有两个发展的敏感期,女生有一个,如表1-4所示。

表1-4　青少年身体素质发展敏感期[②]

素质指标	男生年龄		女生年龄
60米跑	7 ~ 10	14 ~ 15	7 ~ 10
400米跑	7 ~ 11	13 ~ 14	7 ~ 11
1分钟快速仰卧起坐	7 ~ 10	12 ~ 13	7 ~ 9
立定跳远	7 ~ 10	13 ~ 14	7 ~ 11
屈臂悬垂	7 ~ 10	13 ~ 14	7 ~ 8

① 康喜来,万炳军.青少年运动训练原理与方法[M].西安:陕西师范大学出版社,2012:99.
② 康喜来,万炳军.青少年运动训练原理与方法[M].西安:陕西师范大学出版社,2012:99.

（三）青少年主要身体素质发展特点

1. 绝对力量的发展特点

绝对力量也就是人的最大力量，青少年绝对力量发展的第一个阶段为 7 ～ 9 岁。7 岁之后，青少年的身体进行发育，身体的器官机能随着发育增强，肌肉的力量也开始发生变化。这个阶段，身体的肌肉纤维粗度不会改变，但是肌肉纤维的长度会变长，肌肉内部的协调能力以及肌肉之间的协调能力都会增强。

男生和女生之间绝对力量特点有一些不同，下面我们列表说明（表 1-5、表 1-6）。

表 1-5　女生的绝对力量发展特点 ①

年　龄	发展特点	
	发展速度	力量增加幅度
10 ～ 12 岁	很快	46%
13 ～ 14 岁	增长速度下降	8%
15 岁	较快	14%
16 ～ 21 岁	速度很慢，接近 20 岁时达到最大力量	6%

表 1-6　男生的绝对力量发展特点 ②

年　龄	增长速度
10 岁之前	较慢
11 ～ 13 岁	增长速度最快
18 ～ 25 岁	增长速度缓慢
25 岁左右	达到最大力量

2. 相对力量的发展特点

无论是男生还是女生，在青少年时期相对力量的增长速度都比较

---

① 康喜来，万炳军.青少年运动训练原理与方法 [M].西安：陕西师范大学出版社，2012：80-81.

② 康喜来，万炳军.青少年运动训练原理与方法 [M].西安：陕西师范大学出版社，2012：80-81.

慢。一方面是因为青少年时期人们体重的增长速度比较快,肌肉占身体重量的比例比较低;另一方面是因为在人体身高增长速度最快的时期,肌肉横断面增长较少,身高增长减慢时肌肉的厚度增加。想要提高相对力量,只依靠身体自身的发展是远远不够的,必须进行全面的运动锻炼,提高肌肉的重量占全身重量的比例,不断锻炼身体,使之接受更多量度的负荷,这样身体的相对力量才能有所提高。

3. 速度力量的发展特点

7 ~ 13 岁,男生、女生的速度力量的增长都非常快;13 岁之后,男生、女生之间的速度力量的增长速度开始发生变化,男生依旧保持着非常快速的速度增长,但是女生的增长速度开始放缓。到 16 ~ 17 岁,青少年的速度力量的增长速度都开始放缓。值得一提的是,在儿童时期,儿童速度力量的发展要比绝对力量的发展更有优势,因此在儿童时期可以更注重对速度力量的培养。

4. 力量耐力的发展特点

男生和女生力量耐力的发展阶段有所不同,女生力量耐力发展的黄金时期是在 15 岁之前,这个阶段女生的力量耐力是持续上升的;而男生发展力量耐力的黄金时期是在 7 ~ 17 岁,这个阶段力量耐力的发展呈现非常快速的直线上升趋势。

5. 反应速度的发展特点

男生和女生的反应速度的发展具有相对一致的特点,6 ~ 12 岁之间是反应速度发展最快的时期,12 岁时反应速度达到人生的第一次高点;性发育阶段,人们反应速度的发展速度稍微有所减慢;20 岁时,人们的反应速度会出现第二次高点。

6. 步频的发展特点

在阻力相对较小的情况下,步频的发展主要受到身体协调能力发展的影响,7 ~ 13 岁是人体协调能力发展的敏感时期,受到协调能力增强的影响,步频也在这一时期快速发展。但是 13 岁之后,儿童的步频也会呈现下降的趋势,一方面是因为此时已经过了协调能力发展的敏感时期,中枢神经系统对协调能力的控制产生自然减退;另一方面是因为儿童的力量有所增长,步长增加,所以步频自然下降。

7. 最高跑速的发展特点

男生、女生最高跑速增长最快的时期都是在 7 ~ 13 岁这个阶段,具体来说,男生最高跑速增长速度最快的时期是 8 ~ 13 岁,而女生是 9 ~ 12 岁。但是到了 13 ~ 16 岁这个阶段,男生、女生的最高跑速增长速度开始出现不同的特点,男生依旧维持着持续上升的趋势,而女生的增长速度开始出现不稳定的特点,一般来说增长速度会比不上男生的增长速度。

8. 耐力素质的发展特点

一般耐力应在 9 ~ 12 岁就打下基础,在此年龄段进行一般耐力训练,可以促使心肌肥厚,提高心脏的机能。少年儿童的耐力发展要从有氧耐力入手。因为,有氧供能能力是无氧供能能力的基础。从 15 ~ 16 岁开始应逐渐进行无氧耐力的训练,加大无氧耐力训练负荷的比重。把原来一般耐力基础逐渐转移到专项上来。男女生的耐力发展特点见下表(表 1–7)。

表 1–7　男女生的耐力素质发展特点对比 [1]

男　生	女　生
10 岁,耐力指标首次大幅度提高	9 岁,耐力指标首次大幅度提高
13 岁,再次较大幅度提高	12 岁,再次提高
15 岁,性成熟期,增长速度缓慢,但是承受较大强度的混合供能而且无氧代谢的比重增大	14 岁,性成熟期,耐力水平逐年下降
—	15 ~ 16 岁,耐力水平下降速度最大
—	16 岁之后,耐力水平下降速度减慢

9. 协调能力的发展特点

个体发展一般协调能力的黄金时期为 6 ~ 9 岁,发展专门协调能力的黄金时期为 9 ~ 14 岁。根据协调能力的发展状况进行运动素质的发

① 康喜来,万炳军.青少年运动训练原理与方法 [M].西安:陕西师范大学出版社,2012:82.

展的规律是,11 ～ 12 岁开始进行素质训练,这个阶段发展力量、速度、耐力都可以取得非常有效的效果。同时,协调能力的发展又会受到运动素质的影响,运动素质的提高对于协调能力的提高也有非常重要的作用。一般来说,大部分人的协调能力在 13 ～ 14 岁这个阶段达到顶点,也有些人的协调能力在 15 岁时达到顶点。运动素质发展比较快速的时期是在 18 岁左右,如果对运动素质和协调能力的发展进行专门的练习,大概在 20 岁,个体运动素质和协调能力能够发展到一种非常平衡的状态,这也是能够使运动员进一步提高运动能力、获得更好的运动成绩的重要前提。

二、青少年心理发展特点

青少年时期是人生的一个特殊时期,青少年开始从儿童的世界向成人的世界过渡,心理状态上也在经历着从幼稚到成熟的巨大变化。把握青少年心理发展的特点,对于充分了解青少年,引导青少年参加体育运动锻炼都有着非常重要的作用。

（一）智力发展显著

随着社会实践的增多和生活范围的扩大,青少年的认知水平得到很大的提高,智力增长明显,主要表现在以下方面。

1. 形成抽象的概括能力

概括能力是一种能够促进人的观察发展的能力,儿童时期由于抽象思维比较差,虽然能进行观察活动,却无法对观察到的事物进行总结和概括,而青少年已经具备了抽象能力,能用抽象思维对自己观察到的事物进行总结和概括,拓宽了观察的范围。

2. 形成成熟的记忆力

青少年时期是记忆的黄金时期,根据人体的发展规律,青少年的理解能力增强,记忆力也发展到成熟阶段。与儿童时期相比,青少年时期的记忆更多的是一种有意识的活动,目的性对于提升记忆的效率有很大帮助。从记忆方法上来说,青少年时期逐渐摆脱了儿童时期以机械记忆为主的记忆方法,而变成了记忆效果更好的意义识记的记忆方法。

3. 形成理论型的抽象思维能力

青少年已经具备了基本的抽象思维能力,即能够脱离现实的限制,对问题提出假设并且进行论证,但是因为知识储备和生活实践经验的不足,他们提出的假设可能会缺乏有力的依据,论证的结果也不一定正确,这也说明他们的抽象逻辑思维的发展具有不成熟的特点。有些青少年的论证结果被否定时,会因为自己进行过认真的思考和用心的论证而出现不服心理,甚至固执己见,这也是由于青少年时期发展的局限性决定的。

(二)自我意识增强

自我意识指的是个体对自己的认识和态度,对自己和周围人之间的关系的认识和态度。[1] 进入青少年时期后,生活的范围、从事的社会实践活动、学习的科学文化知识以及接触到的人群量都会增加,青少年对外界的了解和认识会随着生活的改变逐渐加深。伴随认识的发展,青少年会逐渐意识到人的社会本性,开始进行自我探索,关注自己的内心世界以及对自己的个性、品质等进行评价,并且根据自己的判断支配和调节自己的言行。

总体来说,在青少年时期,个体能够初步建立起一个人的人生观和世界观,能够对自己进行比较客观的评价,也能够对自己和他人的关系有一定的认识。但是,青少年本身毕竟具有局限性,他们很容易在这一时期形成错误的自我意识,找不到对自己和他人进行评价的合理标准。也因为如此,关注青少年的心理健康,引导青少年形成正确的自我意识,是家庭、社会和国家都应该重视的问题。

(三)性意识的觉醒和发展

性意识指的是青少年对性的理解、体验和态度,而性意识觉醒指的

---

[1] 康喜来,万炳军.青少年运动训练原理与方法 [M].西安: 陕西师范大学出版社,2012: 99.

是青少年开始认识到两性的差别和两性的关系,以及一些关于性的特殊心理体验。青少年性意识的觉醒是一个分阶段的过程,一般有以下三个阶段。

1. 疏远异性阶段

青少年性意识的觉醒一般发生在身体进入青春发育期的时候,这一时期青少年的身体已经能够显现出两性的性别差异,身体的变化激发心理上关于性的意识的觉醒。面对这种前所未有的体验,青少年往往会展现出羞涩、不安、反感等心理,反映到实践中就是拒绝和异性接触,只愿意和同性进行交往。这一时期是青少年性意识觉醒的初级阶段,经历了性意识从无到有的变化。

2. 接近异性阶段

经过性意识觉醒初级阶段的惶恐之后,随着身心的进一步发展成熟,青少年对异性的态度从抗拒转变成向往接近。具体表现为,异性之间的吸引力会增加,接近异性的心理愿望会增强,愿意在生活和学习过程中和异性交往。这种想要接触异性的心理是正常的,是性意识进一步觉醒的体现,家长和老师不能将青少年的这种状态视为"早恋"而进行打击。

3. 恋爱阶段

随着生理上的进一步成熟及社会生活的全面影响,青年男女之间开始萌生爱情。他们仅把特定的异性视为自己交往的对象,持续地交往,相互爱慕,进入恋爱阶段。这个阶段的爱情多为内心隐蔽的爱情,多以精神交流为主,重视纯洁的感情。

(四)情感的发展与现实的矛盾

青少年的心理健康问题是全社会关注的问题,青少年处于不完全成熟的阶段,心理情感具有丰富、敏感的特点,这些情绪交织在一起,也构成了青少年心理上的矛盾。把握青少年的矛盾心理,对于深入了解青少年的发展特点具有重要的帮助。下面我们将对青少年矛盾的心理进行分析。

1. 封闭心理和交往需要的矛盾

由于受到强烈的自尊心和"叛逆""敏感"等因素的影响,青少年轻易不愿意向别人倾诉自己真实的心理想法,再加上有些老师和家长没有及时对青少年进行正确的教育和引导,很容易导致青少年形成封闭心理。但是,青少年时期是生活范围迅速扩大和实践经验迅速增多的时期,青少年往往具有很强的表达和交流欲望,而封闭心理切断了青少年交流和表达的途径,二者构成了一对难以调解的矛盾。

2. 独立性和依赖性的矛盾

由于青少年时期是从儿童到成年过渡的特殊时期,因此青少年的心理上会存在渴望独立但是又难以摆脱依赖的矛盾。一方面,青少年认为自己已经成为大人,渴望更多的自主权利,希望能对自己的事情做出决策,在言行上体现出"断乳"的愿望;另一方面,青少年并不是真正的成人,尚不具备独立的经济能力,社会经验和科学文化知识储备也不足,无法真正独立解决很多事情,在很大程度上都还需要依赖家长和老师。独立性和依赖性的矛盾是青少年时期一种常见的矛盾,青少年只有朝着增强独立性、减少依赖性的方向发展才是健康的发展。

3. 理想主义与现实生活的矛盾

青少年具有内心情感丰富、热爱幻想、对未来生活充满憧憬和希望的特点,更容易陷入理想主义之中。但是,现实生活往往具有复杂性,生活和学习中的困难可能会对青少年造成沉重的打击,使青少年在理想和现实之间产生分离感,从而陷入悲观、低沉的境地,降低对生活的热情和希望。

4. 求知欲强与识别能力低的矛盾

青少年时期是人们学习知识的重要时期,因为这一时期人们往往具有非常强烈的求知欲望。但是,与强烈的求知欲相矛盾的是,青少年时期人们的分辨能力比较低,青少年无法在众多的知识中筛选出对自己的人生发展有益处的部分,甚至可能会接触到有害的知识,不利于正确的人生观和世界观的形成。家长和老师一定要对青少年进行及时、正确的引导,防止青少年受到劣质文化的侵害。

5.理智与情感的矛盾

受到荷尔蒙分泌的影响,青少年往往表现出冲动、急躁的特点,虽然他们已经具备了一定明辨事理的能力和理智的意识,但是因为心理不成熟,在处理事情的时候,往往容易让情感战胜理智,做出不合理的行为。而在事情过后,青少年能够认识到自己不理智的行为是不正确的,往往会产生后悔、愧疚的心理。

第三节　青少年体质发展状况调查

一、青少年当前体质发展的现状

从最近几年的全国学生体质与健康调研报告中我们可以看出,当前我国青少年的体质发展状况整体呈现一种比较良好的状态。例如,由于人们对营养学知识的认知水平提高,青少年的身体发育状况都比较良好,身高、体重等发育指标有所增长,贫血等疾病患病率也有所降低;因为人们对口腔健康的关注度提升,龋齿等口腔疾病的患病率也在逐渐降低。但是,我们同时也能发现我国的青少年体质发展水平正在呈现小幅度下降的趋势,虽然下降的幅度在社会和家长的干预之下并不明显。青少年的爆发力、耐力、力量等指标的水平有所下降,体质测试中跑步、引体向上、仰卧起坐等项目不及格的学生大有人在,而且由于营养过剩问题,青少年的肥胖率也有所上升,疾病也呈现出越来越年轻化的趋势,如高血脂、高血压、痛风、颈椎病等疾病的患病人群中年轻人所占的比例越来越高。

二、青少年出现体质发展问题的原因

(一)社会原因

社会发展使生产力水平提高,为人们带来充足的食物的同时也使人们出现营养过剩的问题；激烈的社会竞争环境使学生的学业压力越来越重,青少年将大部分的时间用在学习科学文化知识上,没有充足的时间进行体育锻炼；科技的发展为人们提供更多的娱乐方式,传统的带有体育锻炼性质的娱乐活动不再受到青少年的欢迎,取而代之的是电子产品,长时间打游戏、玩手机一方面会使他们出现颈椎等身体健康问题,另一方面容易打乱他们的作息规律,为身体健康带来更多的隐患。

（二）个人原因

青少年的健康意识薄弱,认为自己年轻,觉得疾病距离自己非常远,缺乏对自身健康问题的关注；青少年心智不成熟,意志力薄弱,容易受到各种诱惑的影响,如挑食、长时间玩电子游戏、觉得参加体育活动累而拒绝体育活动等；青少年对健康知识的关注程度不够,缺乏对健康知识的了解,不知道该如何进行健康生活。

（三）学校教育的缺失

青少年时期是培养兴趣特长的最佳时期,想要使青少年培养自己的体育特长,养成热爱运动的好习惯,最好是在青少年时期对他们进行引导。但是,在实际的教学实践中,受到高考压力的影响,很多学校只注重文化课程而将体育课程边缘化,体育课要么流于形式,让学生进行自由活动,要么被其他课程占用。学生在这种教育氛围之中无法感受到体育运动的重要性,自然无法培养自己的体育爱好,也无法养成热爱运动的好习惯。

（四）家庭教育的缺失

一方面,青少年的家长们在高考的压力之下,认为青少年的生活应该以学业为重,各种补习班和兴趣班充斥着学生的生活,青少年不仅没有时间进行体育锻炼,甚至连休息的时间也不够；另一方面,由于生活节奏快、心理压力大、没有健康生活的意识等原因,很多家长自己也没有健康的生活习惯,无法给学生起到表率作用。家庭教育中缺乏对青少年健康生活的教育,也是造成青少年体质下降的重要原因。

（五）体质测试落实不到位

虽然学校开展体质健康测试已经有相当长的时间,但是对体质测试的落实情况却并不理想。一些学校只把体质测试当作上级下发的任务,只做好表面的测试工作,却忽略掉其注重提升学生体质发展的根本目的;学生也认识不到体质测试的重要性,只将其作为一项临时的任务,没有意识到提高自己的身体素质水平的重要性。在教学过程中,学校也没有将体质测试指标和教学任务相结合,体质测试指标是影响体质健康最重要的因素,学校却舍本逐末,未针对这些测试指标开展相应的教学活动,使体质测试的反馈信息没有发挥出指导教学的作用。

第四节　影响青少年体质发展的因素分析

体质发展关乎一个民族的兴旺,关乎社会的进步,体现一个国家的综合实力,特别是青少年的体质发展状况,其发展状况影响国家和民族的未来,受到国家和社会的重点关注。从体质发展的影响因素来看,主要可分为内部和外部影响因素(表1-8)。体质的强弱受内外部因素的影响,与遗传、环境、体育锻炼等有密切的联系。遗传是体质状况发展的前提条件,为体质的发展提供可能,但体质也依赖于后天环境、体育锻炼等,有计划、有目的的体育锻炼能够有效增强个体的体质。

表1-8　体质发展的影响因素[①]

体质发展的影响因素	内部因素	先天体能状况、遗传因素
		后天体能锻炼、体育锻炼
		后天生活习惯、摄入营养等
	外部因素	体制因素
		学校和工作环境因素
		家庭因素
		文化环境因素

---

① 王哲.全民健身背景下青少年体质健康与促进研究[M].长春:吉林人民出版社,2021:45.

一、影响个体体质发展的内部因素

（一）遗传因素

遗传作为人体发育的先天因素，在很大程度上影响着个体的体质发展。现代生物学研究发现位于细胞核染色体中的 DNA（脱氧核糖核酸）是遗传物质，子代获得父母双亲的 DNA，得到与父母双亲相同的遗传性状。人体的形态肤色等体质状况均受到遗传的影响，但不同性状受遗传的影响程度不同，其中，个体形态中 75% 的部分来自遗传，有氧代谢能力和摄氧能力中有 75%～95% 受遗传影响，身体素质状况和运动能力也与遗传密不可分。可见，体质的强弱与遗传有很大关系，大部分性状以遗传因素为主，但遗传学观点认为，个体的外部表现是先天遗传因素和后天环境因素相互作用的结果。为了估计先天遗传因素和后天环境因素对某一性状表现所起的作用，科学家们引入了遗传度这一计算方法，遗传度指在某一性状的总变异中，遗传因素所占的具体比例，一般用"%"来表示。遗传度高则对应的性状受遗传因素的影响大。

1. 形态指标的遗传度

人体形态指体表性状，其主要受遗传因素的控制，不同形体部位的遗传度有所不同（表 1-9）。

表 1-9　遗传度主要体型特征（%）[1]

指　标	男	女	指　标	男	女
身高	75	92	头围	90	72
坐高	85	85	胸围	54	55
臂长	80	87	臂围	65	60
腿长	77	92	腿围	60	65
足长	82	82	体重	68	42
头宽	95	76	去脂体重	87	78
肩宽	77	70	心脏形态	82	82
腰宽	79	63	肺面积	52	52

---

[1]　王哲．全民健身背景下青少年体质健康与促进研究 [M]．长春：吉林人民出版社，2021：46．

2. 生理指标的遗传度

受遗传因素影响的生理机能水平会影响个体的运动能力,各生理指标的遗传度有所差异(表 1–10)。血型、月经初潮时间、神经系统功能等生理指标的遗传度很高,较难通过后天对其改造。

表 1–10　生理指标的遗传度(％)①

指　标	遗传度	指　标	遗传度
安静心率	33	神经系统功能	90
最大心率	85.9	月经初潮时间	90
肺通气	73	血型	100
最大摄氧量	69 ~ 93.6	血压	42

3. 生化指标的遗传度

人体的生化过程、代谢特征主要由遗传因素决定,不同生化指标的遗传度有所不同(表 1–11),生化特征能够直接影响个体的运动素质和生理机能。

表 1–11　生化指标的遗传度(％)②

指　标	遗传度	指　标	遗传度
CP、ATP 含量	67 ~ 89	血乳酸最大浓度	60 ~ 81
线粒体数量	70 ~ 92	乳酸脱氢酶的活性	65 ~ 87
肌红蛋白含量	60 ~ 85	红白肌纤维比例	80
血红蛋白含量	81 ~ 99		

(1)CP、ATP:其含量与无氧条件下磷酸系统的功能直接相关。

(2)线粒体:人体细胞中重要的细胞器,在线粒体中人体可进行有氧代谢生成 ATP。线粒体的数量和质量直接关系到人体的有氧代谢水平。

(3)肌红蛋白:存在于肌红细胞内,与氧有较高的亲和力,在肌肉进行工作时以最快速度提供氧气,肌红蛋白的含量直接关系到细胞的有氧

① 王哲.全民健身背景下青少年体质健康与促进研究[M].长春:吉林人民出版社,2021:49.
② 谭思洁,王健,郭玉兰.青少年运动健康促进导论[M].北京:知识产权出版社,2012:80.

代谢能力。

（4）血红蛋白：运输氧和二氧化碳，与人体的能量代谢密切相关。

（5）血乳酸最大浓度和乳酸脱氢酶的活性：反映人体无氧代谢过程中糖酵解的能力。血乳酸浓度的变化可以反映出人体有氧与无氧代谢的水平，乳酸脱氢酶的活性越高，糖酵解生成乳酸的能力和乳酸氧化的能力越强。

4. 运动素质的遗传度

运动素质指和运动成绩直接相关的身体素质，其中包括反应速度、动作速度等。运动素质受多基因遗传控制，不同运动素质指标的遗传度有所不同（表 1-12）。

表 1-12　运动素质的遗传度(%)[1]

指　标	遗传度	指　标	遗传度
反应速度	75	相对力量	64
动作速度	50	无氧耐力	85
动作频率	30	有氧耐力	70
反应潜伏时	86	柔韧性	70
绝对力量	35		

从表 1-12 可见，反应潜伏时受遗传度的影响最大，反应潜伏时指人体受到某种刺激后到做出相应机体反应的时间。这一素质的遗传度高达 86%，可见，反应潜伏时基本靠先天遗传，后天环境对其影响很小。

5. 智力与个性特征等的遗传度

智力一般反映一个人的认识水平和行为水平，是各种能力的综合。个性特征反映了一个人的整体精神状况、精神面貌。研究结果表明，智力的遗传度在 70% 左右，包括基本情绪、活力等在内的不同个性特征的遗传度存在差异（表 1-13）。

① 谭思洁，王健，郭玉兰．青少年运动健康促进导论 [M]．北京：知识产权出版社，2012：81.

表 1-13　个性特征的遗传度（%）[①]

个性指标	遗传度	个性指标	遗传度
基本情绪	75	对反对的抵抗	95
活力	79	柔顺性	91
思考能力	72	运动冲动	90
心理状态	60	好奇性	87
意志坚忍	77	冲动协调	86
运动速度	93	意志坚韧性	83
判断的果断性	96	对矛盾的反应	80

（二）体育锻炼因素

进行适当的体育锻炼有很多好处。比如,能够促进人体的发育;提高人体基本活动的能力;提高人体免疫能力,预防疾病;提高人体适应外部环境的能力等。体育锻炼对人体有健身、健美、健心的作用,能够有效增强人的体质,促进人体处于健康状态。

总之,坚持体育锻炼对人体的身心具有多方面的积极影响。这也是国家提出全民健身以及对学生推行"双减"政策的根本原因。如果能够让全民都具有科学的健康意识,养成良好的运动锻炼习惯,那么不仅对提高全民身体素质有益,而且对社会建设、国家发展都具有深远的影响。

二、影响个体体质发展的外部因素

（一）体制因素

个体的体质发展受到教育体制因素的制约。例如,青少年体质发展水平与应试教育体制息息相关。现阶段教育部门和各学校将升学率视为衡量教学水平高低的标准,"重分数而轻体育"的现象使得我国国民,

---

① 谭思洁,王健,郭玉兰.青少年运动健康促进导论[M].北京:知识产权出版社,2012:82.

特别是青少年的体质发展水平不断下降。国家、各省市对我国青少年体能锻炼的重视程度不高,教师、家长千方百计地占用学生的课余时间以提升学生的学习成绩和升学率,忽视了学生的体质发展,很多学生出现了生理、心理不适应高强度学习生活的情况。

（二）学校和工作环境因素

不少学校的工作重心在于提高学生中考、高考成绩的上线率、毕业生的高校录取率;企业的工作重心在于提升公司的利润和规模,使公司的收益不断攀升。学校、社会的巨大压力最终都落在每一名学生和员工的身上,导致大部分的学生和企业员工无暇顾及自身健康和体质发展,体质羸弱已经成了不可避免的趋势。除此之外,校方和社会本应设置和开展一些体育活动,建设基础的体育设施,但是由于相关教学人员和企业领导的不重视和不作为,使得个人体质发展的基本能力没有得到充分发展,学生和员工也没有通过体育锻炼培养起相应的意志品质和运动技能,从国家和社会的长远发展来看,这种形势不容乐观,亟待改善。

（三）家庭因素

各家庭成员的体育价值观能够相互影响,良好的体育价值观能有效促进各家庭成员的体质发展。各家庭不应该把生活重心仅放在家庭收入支出、子女教育、工作待遇等方面,造成各家庭成员的体力劳动、体育锻炼时间明显减少,以至于体质不能得到很好的发展,怕苦、怕累的思想蔓延,缺乏通过持之以恒的刻苦磨炼养成健康体魄的意志品质。

（四）文化环境因素

体质的发展状况无疑会受到文化大环境的影响。社会的快速发展,经济文化等客观物质条件的丰富,特别是目前便利的交通条件,使得越来越少的人选择骑车或步行出行,锻炼的时间大大减少。与此同时,电脑、智能手机等一系列电子设备的出现占据了人们原本用来参与体育活动的大量时间,娱乐活动日渐单一,很少人会关注自身的体质发展状况,在业余空闲时间积极进行体育锻炼。

在我国文化发展的背景之下,人们对通过体能锻炼促进体质发展的意识和观念较为薄弱,我国公民的体质健康下降速度明显。另外,中国的网民数量越来越多,网络文化的兴起使人们将大量室外健身活动转到室内,造成了大家在运动训练中出现眼高手低的现象,体能训练效果差,极大地影响了个体的体质发展。

三、改善青少年体质发展状况的措施

(一)提高学校的体育教学水平

学校的体育教育是提升青少年体质发展水平的重要途径,所以面对青少年体质普遍下降的问题,学校应该对体育教育进行反思,深化体育教育改革,提升体育教育的教学水平。

首先,学校要充分重视体育课程,其他课程不得挤压、占用体育课程的时间,对学生实行严格的考勤制度,使学生养成重视体育课的习惯;其次,课程的设计可以参考体质测试信息的反馈,根据学生体质发展中存在的问题有针对性地设计教学任务;再次,丰富体育课程的形式和内容,增加多样的运动锻炼项目,激发青少年参加体育活动的积极性;最后,教师的教学水平对教学质量有着非常重要的影响,提高教师的水平和素质,教师需要具备专业体育教学技能以及"以人为本"的教学素养。

(二)家长增强健康生活的意识

家庭教育是培养青少年健康生活习惯的重要途径,家长应该增强健康生活的意识,为青少年起到示范作用。首先,家长应该学习维持健康生活的相关知识,合理地规划家庭生活,使全家养成健康的饮食习惯和作息习惯;其次,家长在重视青少年学习成绩的同时也应该重视青少年的体质发展状况,家长以身作则,带领青少年进行体育锻炼;最后,家长应该培养青少年自觉进行体育活动的意识,引导青少年制订时间规划,预留出专门的时间进行体育锻炼,使青少年养成终身锻炼的习惯。

（三）增加体育设施和体育器材

青少年体质发展水平下降的问题已经成为一个严峻的社会问题,想要改善这种局面,必须从多个方面努力。就体育设施和体育器材来说,无论是学校还是居民区中都存在不足的情况。首先,政府应该加大对体育设施和体育器材的投资力度,根据学校和居民区的人数投资相应数量的设施和器材;其次,要关注质量问题,对投入使用的设施和器材采取相应的检验标准,只有达标的产品才能投入使用,并且要进行及时的检查和维修,保证能够随时供人们使用;最后,要进行相关的宣传工作,在体育设施和器材的发放地点采用横幅、广播等形式,提倡人们使用健身器材,进行体育锻炼,在全社会形成热爱运动的社会氛围。

（四）贯彻落实学生体质测试

体质测试是国家为了改善青少年体质发展状况而采取的一项措施,目的是了解青少年的体质发展状况及发展趋势,以便采取相应的措施加以干预。学校应该贯彻落实对学生的体质测试活动,发挥体质测试的作用。首先,学校应该加大体质测试的严格程度,认真落实每一个细节,严厉打击学生作弊、代考的行为,使学生端正态度,认真对待测试活动;其次,学校要认真分析本校学生的体质测试数据反馈出来的信息,找出学生体质发展的薄弱点,针对薄弱点设计教学活动,通过体质测试指标与教学活动相结合的方式提升学生的体质发展水平;最后,学校应该加大向学生宣传体质健康测试的力度,使学生认识到体质测试的重要性,养成主动进行体育活动锻炼的好习惯。

第五节 “双减”政策下青少年体质发展的思考

国家“双减”政策的出台与实施,是对学校体育教学发展提出的新的要求,是一次重要的变革之举,对全面促进我国青少年体质发展具有重要的意义。"双减"政策对我国青少年体质的发展,提供了新的机遇,同时也提出了一个不小的挑战,对此,学校要尽快拿出切实可行又效果卓然的实施方法。本节将围绕着相关问题展开研究。

一、"双减"政策下青少年体质发展的机遇

(一)强有力的法治保障

国家推出的"双减"政策,是为了促进青少年全面成长。由于我国的特殊国情,长期以来,我们的教育多年来都体现为以应试教育为主,青少年的主要任务就是提升学习成绩,考入排名前列的高等学府,在这种狭隘价值观的引导下,学校、社会、教师乃至家庭和学生本人,都孤注一掷,将主要时间和精力都投入文化课的学习中。由于缺乏必要的运动实践,对体育运动轻视,长期下来,青少年群体出现明显的体质健康问题,如非常普遍的近视眼、肥胖或者瘦弱等,都在危害着青少年的健康成长。

而"双减"政策的推出,为青少年的体质发展提供了前所未有的机遇。国家明确表示要重视青少年身心的全面健康发展,必须重视提升身体素质,这意味着国家为促进青少年的体质发展提供了法治保障。

(二)充裕的运动条件

"双减"政策为青少年学生减轻了课业的压力,让他们从繁重的上课、考试、课外辅导、题海战术等枯燥单一的学习环境中解脱出来,回归正常的学习生活,让青少年学生体会到身心全面发展的重要性。

对于青少年学生而言,由于有了充分的进行体育运动的时间,并且国家、学校和家长都在逐渐转变以往的教学策略,从而让青少年有机会培养自己的体育兴趣。青少年时期,正是人一生中最重要的发展体质的时期,在"双减"政策下,青少年有机会为自己一生的体质发展打好基础,培养出浓厚的体育兴趣,养成稳定的运动习惯,这将成为他们一生拥有的宝贵财富。

二、"双减"政策下青少年体质发展的挑战

（一）旧有观念的惯性依然存在

国家"双减"政策的强力实施，是应对迫切需要解决的青少年体质水平逐年下降的问题，但"冰冻三尺，非一日之寒"，形成这种局面已经有相当长时间的积累，不仅仅是学生、家长、学校，甚至是全社会都已经默认了这一模式的合理性。"双减"政策虽已推出，但人们一时还难以从以往的观念意识与行为习惯中转变过来。因此，那些旧有的观念仍然在发挥着作用，这成为促进青少年体质发展的一个明显挑战。

（二）"双减"的落实需要全社会的配合

国家出台的"双减"政策让学校放松了对学生的学业要求，但是激烈的求学和就业压力却依然存在。在这样的背景下，让社会、学校、家长和学生放松心态，其实是很难真正实现的。想要彻底地改善这一局面，需要全社会的整体改善，从方方面面入手，改变当前人才衡量标准单一、社会价值取向单一的局面。

从另一个角度来看，国家下决心要提升我国青少年的体质健康水平，仅仅从政策层面着手是不够的，"双减"政策是国家给出的一个方向，是促进我国青少年体质发展的一个开始，接下来还需要社会各方面的全力投入，才能真正获得较为理想的效果。

三、"双减"政策下促进青少年体质发展的策略

（一）建立科学的评价机制

"双减"政策的推出，是针对我国当前在青少年体育教育活动中存在的明显问题给出的一个全国性的指导政策。在具体的实施过程中，需要学校、家长、社会和学生的共同努力，只有每个相关组织、集体和个人都认识到"双减"的意义，才能将工作切实做到位。对此，应建立科学的

评价机制,以监督和指导学校、家长和学生的执行,切实将"双减"政策落实到位,为我国青少年的体质发展在政策层面做好保障工作。

(二)提高主体参与的积极性

在推行"双减"的过程中,最重要的主体是学生,政策最终的执行效果在很大程度上取决于学生的投入情况。因此,为了从根本上促进青少年的体质发展,首先要调动起学生对体育运动的强烈兴趣,而且是逐渐地对某项运动产生较为持久的兴趣,而不是那些一时兴起的兴趣。如果仅仅被表面的、流行的元素吸引,那么这种运动锻炼的兴趣也很快就会消失,而不会长期坚持。要想提高身体素质,发展良好的体质,必须通过规律的、长期的锻炼才有效。

(三)引入优质的社会资源

尽管"双减"政策针对的是青少年学生群体,但是要想全面保障青少年的体育运动效果,就需要为他们全面地营造一个良好的运动环境,创造更便利的条件。当然,仅仅靠学校的资源显然是不够的,为此,学校可以积极地与社会企业、社区以及体育场馆等公共服务机构联手,为保障青少年的课后体育运动的数量和质量,开展丰富多彩的业余体育活动空间,以满足青少年的运动需要,为促进他们发展出持久的、深度的体育兴趣做出各种尝试和努力。

第二章

青少年体质测评与健康监控

　　对青少年的体质测评是维护青少年体质发展的重要环节。有了测评结果之后，还要随时对其健康状况进行监控，这是保障青少年体质发展水平提升的基本前提条件。本章将从体质测评的基本理论、青少年体质测评的操作方法、青少年体质发展监控方案以及青少年体质发展预警机制等展开论述。

第一节　体质测评的基本理论

一、体质测评的重要性

（一）开展科学体育锻炼的必要准备

人体的体质健康水平是动态发展的,在不同的阶段,不同的精神状态、营养水平以及休息的好坏都会对体质产生明显的影响。在促进青少年体质健康发展的过程中,需要对他们基本体质情况有所了解,然后才能有针对性地实施体育锻炼的计划,因此体质测评是必不可少的环节,这也是体质测评的重要性的体现。

有些学生会将体质测评与体检相混淆。实际上,体检的目的是对身体进行病症的排查,而体质测评是对健康水平的评测,即对身体质量的分析,从而为接下来的科学锻炼做好准备。比如,通过体质测评,能够对青少年的身体基本情况有初步的了解,尤其是对一些具有运动禁忌的体征,能够明确而具体地给出建议,从而避免因盲目锻炼而造成不可逆的可悲后果。因此,进行体质测评是青少年开展体育运动之前必须进行的一个环节,它对于安全开展体育运动具有重要意义。

（二）激励青少年持续运动的有效手段

第一,体质测评是对身体质量的一个定量测评,通过全面的测评,能够帮助青少年认识自身的身体素质状况,并且还能具备一定的定量掌握。比如,通过体质测评,青少年能够对自己心肺功能、肌肉力量、柔韧性、体脂含量等有清晰的了解;并且通过与标准相对照,能够知道自己的体质水平处于什么位置,哪些需要改善,哪些可以加强。这能帮助青少年在进行运动时做到心中有数。相对于盲目的体育训练,这会让青少年自觉地、更有针对性地开展体育运动。

第二,定期进行体质测评能够帮助青少年直观地看到自己努力的成果。比如,通过一学期的认真锻炼,发现自身的力量、肺活量或体脂等指标发生了显著的变化,这样的成果比其他激励手段更能促进青少年积极开展体育运动,并且对青少年的自信心和自我效能感的建立也具有积极意义,激励他们长期地、规律地进行体育锻炼,形成让他们终身受益的良好生活习惯。

二、体质测评的主要内容

国内外对体质健康水平的测评一直在不断的研究过程中,随着科学的进步,以及人们对健康和人体的认知的不断加深,国际上对体质健康指标的选择,逐渐地由"运动技术指标"向"健康相关指标"转变。就我国的具体情况来看,这些评价标准基本上是从身体形态、身体机能和身体素质等方面进行测评,每一个方面都能反映出身体的不同质量特征,具有较强的代表意义,但具体的实践中,又会将身体形态、心肺功能、肌肉力量与耐力素质、柔韧素质、身体成分等几方面的评价指标作为体质健康评价的重点因素。具体而言,每一种测量因素的测量手段分别如下。

(一)身体形态

对身体形态的测量包括身高、坐高、体重、腰围、臀围、体脂率等指标,这些指标能够对人体质量水平进行初步的判定,具有较高的参考价值。

(二)心肺功能

心肺功能对于人体的健康具有非常重要的作用,尤其对于心脏的活力和功能,对于人们进行耐力活动等,都具有决定性的影响。因此,在测量人体的心肺功能时,通常采用的方式和手段为中长跑、台阶测试,或者通过仪器进行肺活量和心率指标的检测。

（三）柔韧素质

柔韧素质与人体的年龄有直接关系，一般情况下，随着年龄的增长，人体的柔韧素质会逐渐降低，越是年轻的身体，其柔韧性越好，而老年人无论是基本日常活动还是在一些运动表现上，其柔韧性都明显不足。一般可以通过体前屈、背伸等指标测量人体的柔韧素质。

（四）力量和耐力

肌肉力量与耐力是身体素质的最基本的元素，也是开展运动锻炼的基础条件。一般可以通过引体向上、投掷实心球、立定跳远、握力等测量指标来反映。

第二节　青少年体质测评的操作方法

我国针对青少年群体的体质测评，具有一套完善的操作方法，这套方法基本上涵盖了反映青少年体质的所有方面，具有较强的科学性，因此被各个院校广泛应用。

一、身高与体重

（一）测试目的

身高和体重是反映青少年体质发展水平的最基本、最重要的指标，一般地，都是将身高与体重测试同时进行，通过观察两个指标是否匹配，可以判定其身体是否匀称，是否属于健康的体质范围之内等。

总之，通过测量身高与体重能够直观地反映出青少年的身体健康水平、生长发育及营养状况水平等。

（二）场地及器材

身高测量计和电子体重计。

一般会选择室内进行，这样可以避免因外界的自然天气情况而影响了测量的准确性。

（三）测试方法

测量时，要求青少年情绪平稳，赤足，身穿单衣，以立正姿势站在测量仪器上，身体保持稳定，躯干自然挺直，目视前方，双手自然放于身体两侧。

测量教师要注意读数准确，身高测量误差不超过 0.5 厘米，体重测量误差不高于 0.01 千克。

（四）注意事项

（1）测量前，确保每个青少年都基本处于静息状态，避免进行剧烈的体育活动。

（2）测试教师读取身高数字时，要注意两眼与刻度板处于水平位置；在读取体重数字时，要等指针平稳后再读取，如果采用的是电子体重计，也要等数字显示稳定后再读数。

（3）测量身高时，女生要取下发饰，男生如果头发过于浓密，应压紧水平压板，使其尽量与男生的头部接触时，再读取数字。

二、肺活量

（一）测试目的

测试青少年的肺通气功能。

（二）场地器材

电子肺活量测试仪一台，对场地没有特殊要求，室内即可。

（三）测试方法

在正式的测试之前，测试教师指导学生先熟悉肺活量测试仪的测量方式和注意事项。在正式测试之前，要先对测试仪器进行预热。每个人在测试时，为了体会呼气的力度，可以先试吹一次，并体会自己的用力程度，准备正式呼气。

测试时，教师指导被测青少年先做两次深呼吸，然后深深吸一口气双手捂住口嘴，并慢慢呼出所有的气息，注意中途不准偷偷吸气。呼气后得到的结果，就是被测者的肺活量毫升值。每位可测量三次，选择最佳结果作为测试结果。

（四）注意事项

（1）为了避免口水污染气道，吹气筒的导管要放置在上方。

（2）使用一次性口嘴测试。测试教师要及时对气筒内部进行擦拭和消毒，避免呼吸道病毒的感染。

（3）每次测试之间应至少间隔15秒，以保障测试者恢复正常的气息。

三、台阶试验

（一）测试目的

台阶测试主要是测试青少年在定量负荷后的心率变化情况，并以此来评价被测者机体的心血管机能水平。

（二）场地器材

高度适宜的台阶（一般女生选择35厘米，男生选择40厘米的台阶进行测试)、节拍器、秒表、台阶实验仪。

（三）测试方法

测试前,教师指导所有测试者做轻度的准备活动,主要以活动踝关节和膝关节为主,注意不要做快速、激烈的活动,以保持心率处于静息状态,并测试被测者此时的脉搏,并记录下来。教师设置节拍器按照120 次 / 分的节奏打拍子,然后要求被测者完成台阶测试。具体的动作要求为,被测者一只脚踏在台阶上,然后伸直腿站立在台阶上,另一只脚跟随完成同样的动作,要求是先踏台的脚先落地,后踏台的脚后落地,如此连续进行 3 分钟。教师负责测量运动结束后的 1 分钟至 1 分半、2 分钟至 2 分半、3 分钟至 3 分半时被测者的脉搏数,并用下列公式求得评定指数,只保留整数部分,小数点后数字做四舍五入处理。

评价指数 = 踏台上、下运动的持续时间(秒)× 100/2 ×（3 次测定脉搏的和）

（四）注意事项

（1）严格按照要求进行,如测试中途感到心脏不适应立即停止测试。

（2）如果受试者不能完成连续 3 分钟的运动,可以以实际上、下台阶的持续时间计算,但是要坚持到不能再坚持其测试结果才有意义。计算公式和方法同上。

四、50 米跑

（一）测试目的

50 米跑测试能够很好地测试青少年的速度、灵敏等运动素质的发展水平。

（二）场地器材

场地选择适合进行 50 米跑的操场、体育场即可。器材需准备发令旗、哨子、秒表。

（三）测试方法

按照正常的 50 米短跑测试的方式进行，教师注意准确计时，并监督被测者没有抢跑等犯规行为。计时以秒为单位，并精确到小数点后一位。小数点后第二位数按照非"0"时则进 1，如 10.11 秒读成 10.2 秒，并且要记录。

（四）注意事项

（1）受试者测试前做好充分的热身准备，并穿好运动衣和运动鞋。
（2）如果是在室外进行，应选择无风的天气进行，否则不能进行测试。

五、800 米或 1000 米跑

（一）测试目的

女生测试 800 米，男生测试 1000 米。该测试可用于评价被测青少年的有氧耐力素质以及心血管呼吸系统的机能水平，另外也能反映出被测的腿部、手臂、核心等肌群的力量素质发展水平。

（二）场地器材

场地建议选择标准的田径跑道，器材和 50 米跑相同即可。

（三）测试方法

要求与 50 米跑的测试要求相似,被测注意不要犯规,教师注意准确计时。

（四）注意事项

（1）测试前 1 个小时不要进食和大量喝水；测试后不要立即大量饮水,尤其是在夏季。

（2）测试后不要立即停止运动,应慢跑或者保持走路让身体逐渐恢复到安静状态。

六、立定跳远

（一）测试目的

立定跳远测试的是青少年下肢肌肉的爆发力水平,以及身体整体的协调能力水平。

（二）场地器材

沙坑、丈量尺。

（三）测试方法

被测青少年要做好热身准备,尤其是活动踝关节和膝关节,并在正式测试前,先轻轻地做两次立定跳远动作,拿出 70% 左右的力气即可,主要目的是唤醒身体各个肌群和关节,为正式的跳跃做好准备。正式测试时注意双脚不能踩线,且双脚要同时起跳,不能偷偷垫步,完成跳跃后身体向前倾斜,完成缓冲后起身。每人跳三次,记录其中成绩最好的一次。教师测量时,选择距离起跳线最近的落地点进行测量。

（四）注意事项

（1）测试前要认真检查沙坑内没有石块或者玻璃等硬物，保证测试安全进行。

（2）有的青少年习惯性地在落地时向后倒，这会影响测试的进行，应及时指导青少年规范完成动作。

七、掷实心球

（一）测试目的

投掷实心球测试的是青少年上肢的爆发力发展情况，以及身体协调用力的能力。

（二）场地器材

准备标准的实心球若干，直径大于 30 米的平整场地即可。

（三）测试方法

测试前，教师带领被测青少年进行热身活动，主要是腰腹肌群的热身。开始测试时，被测者站在起掷线后，双脚自然分开，双手举球至头上方稍后仰，然后原地用力将球投向前方。每人投掷三次，记录成绩最好的一次作为测试结果。

（四）注意事项

（1）投掷实心球最重要的一点就是要原地用力，不能助跑，否则算犯规。

（2）测试前进行充分热身，否则要么因用力不足导致成绩不理想，要么因用力过猛导致腰肌拉伤等意外发生。

八、握 力

（一）测试目的

测试青少年上肢的肌肉力量。

（二）场地器材

握力计若干。

（三）测试方法

一般在测试握力时，要求被测者保持自然站立姿势，双臂自然下垂，且不能接触身体的其他部位。需测试的手用全力紧握握力计，并记下最大数值，每人测试两次，取最大值为测试成绩。

（四）注意事项

（1）测试时注意测试的手不能触及任何外物，包括自己的身体。
（2）不要连续多次测试，用力过多反而会降低测试水平。

九、引体向上

（一）测试目的

引体向上一般用于测试男性青少年的上肢力量和耐力的发展水平。

（二）场地器材

标准的高单杠若干。

（三）测试方法

要求被测者跳起双手正握单杠，然后调整好双手与肩同宽，呈直臂垂悬姿势等待测试的开始。听教师口令开始后，双两臂同时用力将身体上提，直至下颌超过横杠上缘为一次。努力做出自己的最多次数后，完成测试。准确记录引体次数。

（四）注意事项

（1）受试者要双手正握单杠，待身体静止后开始测试。
（2）测试时身体不可以做大的摆动，不可以有附加动作。

十、坐位体前屈

（一）测试目的

主要用于测评青少年身体柔韧素质的发展水平。

（二）场地器材

坐位体前屈测试计。

（三）测试方法

被测者要两腿伸直，两脚平蹬测试纵板坐在平地上，上体前屈，双臂向前伸直，用两手中指尖逐渐向前推动游标，直到不可以前推为止。每人测试两次，取最好成绩作为测试结果。

（四）注意事项

（1）身体前屈向前推游标时，双腿始终保持伸直。
（2）注意测试过程中保持匀速向前推动游标，如果借助惯性突然发力,则测试无效。

十一、仰卧起坐

（一）测试目的

测试核心肌群的耐力发展水平。

（二）场地器材

瑜伽垫或运动垫子若干。

（三）测试方法

一般需两人一组配合完成测试。被测者仰卧于垫上,屈膝呈90°角左右,两手交叉贴于脑后。同伴压住其踝关节,测试开始后,被测者用最快的速度起身坐起,并用双肘触及双膝为完成一次动作,然后记录被测在一分钟之内完成的次数。

（四）注意事项

（1）不可借用肘部撑垫或臀部起落的力量。
（2）每次起身双肘必须超过双膝位置。

第三节 青少年体质发展监控方案

促进青少年的健康发展还应该包括对其健康水平的监控,在实施过程中,需要遵循一定的原则,以及构建切实可行的监控方案,这是本节重点研究的内容。

一、青少年体质发展监控方案的原则

（一）全面性原则

制订青少年体质发展管理方案,应充分考虑青少年体质发展的影响因素,发挥积极因素的健康促进作用,预防不良因素的消极影响,尽可能使方案全面、完善。

（二）安全有效原则

提高青少年体质发展水平是制订与实施青少年体质发展监控方案的主要目的,因此监控方案中应包含运动锻炼监控的内容,要特别注意运动监控中的安全性和有效性,保障青少年安全锻炼,提高锻炼效果。

（三）便于调整原则

从青少年的体质发展现状出发而制订体质发展监控管理方案,并实施针对性干预,经过干预,使青少年的体质发展状况得到改善,并根据干预结果适时调整与修改体质发展监控管理方案,若有必要,则需要重新制订方案,使之更贴近青少年体质发展现状与发展需求。

二、青少年体质发展监控之运动监控干预方案

青少年体质发展监控管理方案涉及内容非常丰富,这里主要分析体质发展监控管理的运动干预方案。运动干预是改善青少年身体机能与身体素质的重要路径,运动干预方案主要包括体育课堂干预和课外干预两个方面。

（一）课堂干预

体育课堂干预主要以为期三个月（12 周）的体育课堂运动干预方案为例进行分析。

1. 第 1 ~ 3 周

这是干预的过渡期,目的是使身体机能适应运动环境,为后期练习做准备,所以以中小运动强度为主,平均心率 120 ~ 140 次 / 分钟,最高心率维持时间短。

2. 第 4 ~ 6 周

和过渡期相比,这一阶段的运动负荷有所增加,平均心率 140 ~ 150 次 / 分钟,最高心率维持较长时间。

3. 第 7 周

这是测试阶段,主要针对身体机能和身体素质的一些重要指标展开测试,从而了解青少年的运动干预效果,并为调整干预方案提供依据。

4. 第 8 ~ 10 周

这一阶段运动负荷达到最大,平均心率 145 ~ 160 次 / 分钟,最高心率维持较长时间,使机体不断适应大强度负荷。

5. 第 11 周

运动负荷较上一阶段有所减少。

6. 第 12 周

这是体能恢复阶段,主要做一些恢复性练习。

（二）课外干预

1. 培养健康意识

培养与提升青少年的健康意识、自我保健意识和终身体育意识,使其养成良好的行为习惯。

2.课外锻炼

（1）利用课间休息时间到室外做伸展练习或一些体育小游戏。

（2）课外锻炼以有氧运动为主,中等强度,每周 3～5 次,每次半小时左右。

（3）青少年根据自身体质状况灵活调整运动频率、时间,以不影响第二天上课为宜。

3.生活方式引导

（1）饮食

三餐规律,营养丰富、全面,注意补充优质蛋白和水。

（2）睡眠

严格遵守学校作息制度,无特殊情况不熬夜、不睡懒觉,养成午休的习惯,每天睡眠充足,保持良好精力,提高学习效率。

三、青少年体质发展监控平台的构建方案

为了促进青少年身体素质的发展,促进青少年全面健康与协调发展,推进健康中国建设,提升国民体质健康水平,国家不断出台相关政策,对国民体质水平的判断标准予以制定和明确,对各个年龄群体的国民的体质情况进行监测与管理,其中就包括对青少年体质发展监控平台的构建及推动该平台的顺利运行。

构建青少年体质发展监控平台,有利于对青少年体质数据进行信息化监控与管理,促进数据共享。随着互联网技术的不断发展,在大数据技术这一坚强后盾的支持下,有关部门大力挖掘青少年体质信息的价值,对青少年体质发展展开了信息化与全面化管理,并根据青少年的体质发展情况而展开体育教学改革,对学校体育的发展和青少年的健康成长起到了重要的影响。

为了进一步明确青少年体质发展监控平台的建设标准,促进监控平台的顺利运行,使青少年体质信息更具有实用价值,使监控平台的作用得到最大程度的发挥,有关部门要参照《国家学生体质健康标准》,将青少年体质发展监控平台的构建、运行、维护及优化完善等一系列工作认

真做好,从而依托青少年体质发展监控平台提升青少年体质发展管理效果。

（一）监控平台创建思路

在建立青少年体质发展监控平台时,要落实将工作标准和技术手段有机结合的标准,在将监控平台建设质量作为首要考虑因素的同时,力求将平台建设的周期缩短,节约经费,与时俱进,有所创新。在监控平台的创建过程中,要采用最优化的建设方案,将先进技术应用其中,为后续平台的运作和开展具体监控工作提供科学引导。

在青少年体质发展监控平台的建立过程中,技术人员作为建设主体,要大力整合相关数据资源,如对国家青少年体质测试数据信息和学校体质测评的数据信息等的整合,前者要从相关部门获取,后者要从学校获取,通过整合,将完整的青少年体质发展信息数据体系建立起来。

在整合相关数据的基础上,还需要做好技术资源的整合,将信息筛选、信息分析、信息对比等技术资源充分整合,为青少年体质发展监控平台的建立提供技术支持与基础保障。

在整合数据和资源之后,技术人员要重点考虑青少年体质发展监控平台的结构与内容,优化平台内部网络构架,促进平台中重要数据信息的交互,使监控平台的运作效率、服务能力都得到充分提升,最终通过有效监控来促进青少年体质发展水平的提高。

（二）监控系统数据共享

采用先进的技术手段,促进健康数据信息在不同场景下的共享,这是构建青少年体质发展监控平台的一个重要意义。为了实现数据共享,在建设体质发展监控平台的过程中,技术人员要全力设置好平台的数据共享框架,从国家对青少年体质健康标准的有关要求出发,将有关青少年体质发展的信息类别进行合理划分,明确平台中的信息存储容量、信息体量、交互方式,并选择最佳信息处理方式,完善体质发展监控平台的信息共享机制,科学合理地使用各项信息数据。

此外,采集青少年体质发展信息的途径有多种,要做好采集路径的选择与优化工作,完善信息采集环节的具体工作事宜,提升有关人员对青少年体质发展信息的获取能力。

（三）监控平台的维护

青少年体质发展监控平台中拥有大量的数据信息，多样化的主体类型和前后密切关联的运行环节，因此构建青少年体质发展监控平台还必须设置相关的系统维护单位，加强后台数据的整理与分析。由专业人员进行这方面的技术指导，运用相关公式来进行青少年体质测试数据和健康状况的反馈，使监控平台高效运行。

在监控平台的运行中，有时会出现一些技术性问题，如因访问量激增而无法正常登录、平台被非法网站攻击以及青少年电子信息被盗等。对于这些问题，必须加强对平台的维护与安全管理，切实解决上述问题，打造监控平台的安全模块，使监控平台自身的防护能力得到增强，严禁泄露青少年信息，防止数据丢失。

在青少年体质发展监控平台的维护中，要加强对防火墙机制的建立与完善，使用完备的防火墙技术来有效识别师生或其他技术人员、工作人员访问体质发展监控平台的行为，回绝无访问权限的请求，这样既保障了平台的安全，也使平台运行更高效、实用。

第四节　青少年体质发展预警机制

关于青少年体质发展的管理问题，除了对体质进行定期测评，保持长期的监控等，还必须建立一定的预警机制，对健康问题防患于未然。本节将详细就青少年体质发展的预警机制的建立展开研究。

一、青少年体质发展预警模型

在开展青少年体质测试的基础上，依据《国家学生体质健康标准》等级的评定标准，客观、系统地评价青少年体质测试成绩，判断青少年体质发展水平的"升降"情况,并以体质水平下降的幅度为依据进行相应级别的预警警示。青少年体质发展预警的操作程序直接反映在青少年体质发展预警流程图或预警模型中,"体质测试→体质评价→健康预警→信息反馈→健康干预→体质测试(监测)"的循环模式为预警模型的设计提供了思路。一般流程为,先进行体质测试,然后分析测试数据,再以等级划分为依据将不同测试成绩的青少年纳入不同系统,根据系统标准做出预警提示。

青少年体质发展预警包括下列两种类型。

(一)青少年个体体质发展预警

青少年个体体质发展预警操作的程序直接体现于青少年个体体质发展预警模型中,如图2-1所示。

该模型的设计为青少年了解自身体质健康信息提供了便利。向师生、学校有关部门反馈青少年体质健康的预警信息,多方面采取有效方式对青少年实施健康干预和健康监督,促进青少年个体体质健康状况的改善。

(二)青少年群体体质发展预警

青少年群体体质发展预警模型如图2-2所示,群体健康预警以学校为单位,也包括学校教学班、行政班。在青少年体质发展群体预警模型中,主要考查群体体质测试的达标率(是否达到《国家学生体质健康标准》要求),然后根据成绩进行"升降"预警。

在群体预警指标的评价中,所参照的最后得分是青少年各项指标得分相加之和。

二、青少年体质发展预警机制建立的要点

(一)以学校为核心机构

在青少年体质发展预警机制的构建中,要以学校为核心机构,主要原因是青少年每天大部分时间都是在学校中度过的,学校掌握了青少年体质健康信息的第一手资料,在青少年体质发展监控与管理中发挥着重要作用。

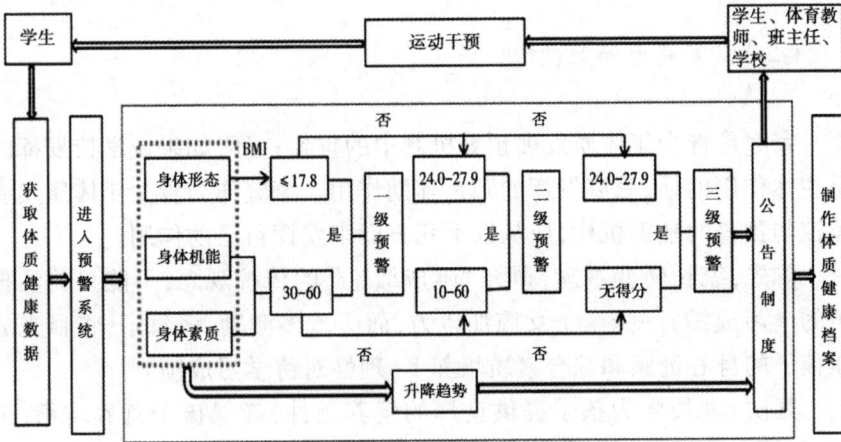

图 2-1　青少年个体体质发展预警模型[①]

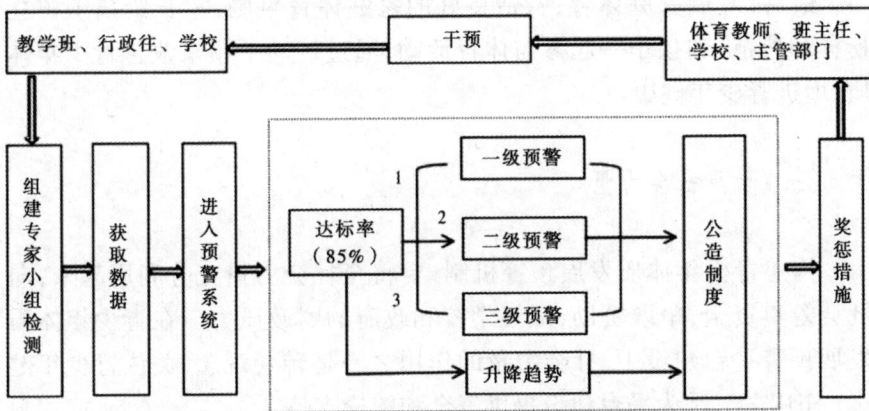

图 2-2　青少年群体体质发展预警模型[②]

作为青少年体质发展预警的第一组织,学校将统计青少年体质测试数据作为预警工作的基础,学校对青少年体质健康测试的有关内容与所有标准数据都应该有充分的掌握,从而在测试评价中有所参照,便于比

_____

① 林振华,林宇,万文博:大学生体质健康预警机制构建研究[J].辽宁体育科技,2018, 40（06）: 79-85.
② 同上。

对,对青少年的体质发展情况有更加真实、全面的了解,若青少年群体体质健康数据出现异常,学校应及时向有关部门上报情况,启动预警机制,针对异常问题展开全面调查、深入分析和有效调整。

（二）以家庭为辅助机构

家庭是青少年体质发展预警机制中的重要一环,如果说学校发挥的是主体作用的话,家庭发挥的则是辅助作用。家庭作为青少年体质发展监控与预警的辅助机构,应从以下几方面来发挥自己的作用。

首先,家长转变观念,摒弃"唯成绩论"的传统观念,不能只关注孩子的学习成绩,一味给子女施加压力,而应该多激励、多肯定,将目光放在孩子的身心健康和综合素质培养上,理性对待学习成绩。

其次,家长要为孩子提供良好的营养条件,确保孩子营养均衡、全面,在饮食中注意合理搭配各类食物。经济困难家庭可向社区和政府申请补助,避免因孩子营养不良而出现健康问题。

最后,发展家庭体育,营造良好的家庭体育氛围,家长给孩子树立榜样和典范,和孩子一起参与体育活动,通过运动干预来改善青少年体质,增进青少年健康。

（三）动员社会力量

构建青少年体质发展预警机制,要将全社会力量充分利用起来,向社会筹集资金,争取赞助,减轻学校和政府的财政压力。在青少年体质发展预警平台建设中,社会力量的作用之一是转变观念,关注青少年健康;作用之二是为平台建设提供资金和舆论支持。

1. 转变观念

转变观念,主要转变的是一味强调青少年学业成绩和学历水平的传统观念。关注青少年的学习成绩并没错,但不少人对待青少年的成绩缺乏理性和理智的态度,过分强调学习成绩,不重视青少年的健康和综合素质的发展,这显然就有问题了。因此,社会各方面要积极转变观念,在关注青少年学习的同时,对青少年的健康给予重视,并将促进青少年健康、提升国民体质作为一种社会责任,使青少年在全社会的关注与监督下不断改善体质。

2. 提供支持

社会力量要为青少年体质发展预警机制的建立提供舆论支持,社会企业可适当提供资金支持,这样不仅可以解决平台建设中的资金问题,减轻政府压力,还能提升企业形象和影响力。

(四)引导青少年关注自身健康

在青少年体质健康评价中有四个等级的评价结果,分别是优秀、良好、及格和不及格。这几个等级所反映的青少年的体质状况比较抽象,因此难以引起青少年对自身体质状况的强烈关注,青少年不关注自身体质健康,也就不会想办法改善自身体质状况,从而导致体质测试成绩不断下滑,形成"恶性循环"。为了引起青少年对自身健康状况的关注,应该在体质发展预警机制的建设中采取新的体质健康评价方式。

第一,对青少年的单项体质指标进行测试,综合分析青少年整体体质发展状况,并在评价中进行等级划分,采用"三级预警"的方式使青少年对自身体质水平有清晰的认识。

第二,为了对青少年近几年的体质测试结果进行对比分析,可采用"升降预警"方式,使青少年了解自身体质变化特点和趋势。

第三,参照气象灾害预警方式,用不同颜色代表不同预警等级,对应不同程度的健康不良状况,如用黄色、橙色、红色三种颜色代表三级预警(表2-1),在青少年体测数据中用不同颜色标注预警项目,激发青少年关注自己的健康状况。三级预警在《国家学生体质健康标准》等级评价的基础上更加具体化,突出强调对重点弱项指标的关注,使青少年根据预警提示主动解决自己突出的健康问题。

表 2-1　体质测试指标预警级别 [①]

类　型	指　标	预警级别	警　示
身体形态	BMI 指数	三级	低体重,营养不良(黄)
		二级	超重(橙)
		一级	肥胖,营养过剩(红)
身体机能	肺活量	三级	心肺功能较差(黄)
		二级	心肺功能很差(橙)
		一级	心肺功能非常差(红)
身体素质	50 米跑 立定跳远 引体向上(男) 仰卧起坐(女) 1000 米跑(男) 800 米跑(女) 坐位体前屈(女)	三级	身体素质较差(黄)
		二级	身体素质很差(橙)
		一级	身体素质非常差(红)

---

① 苏文涛.构建学生体质健康测试与预警平台的相关分析 [J].湖北科技学院学报,2017,37(06):83-86+90.

第三章

青少年运动锻炼与健康促进

　　青少年运动与健康发展有着密切的关系，运动锻炼是促进青少年健康发展的重要条件。本章将从运动锻炼促进青少年体质发展的作用、青少年运动锻炼的学科理论基础、青少年体育锻炼的基本原则与运动处方以及青少年运动锻炼的误区与正确认识几个方面展开分析。

第一节　运动锻炼促进青少年体质发展的作用

体育运动对青少年体质发展的作用是正面的还是负面的,关键取决于青少年参与体育运动是否科学、合理。如果科学参与体育运动,合理设计与实施运动处方,那么运动效果就是良好的,体育运动促进健康的积极作用就能充分发挥出来;而如果运动不合理、不科学,如运动过度或缺乏运动,那么就会对青少年体质发展产生负面作用,危害青少年健康,影响青少年正常生长发育。本节分别从科学合理运动以及缺乏运动两个方面来分析体育运动对青少年体质发展的作用。

一、科学合理运动对青少年体质发展的积极作用

(一)促进青少年生长发育

青少年要注重体力与智力的全面发展。青少年多参加运动锻炼,增加体力活动,学习多种运动技能,养成良好的体育锻炼习惯,对生长发育和身心健康都有很好的促进作用。运动锻炼对身体骨骼发育起到了很关键的作用,骨骼的生长有赖于运动对骨骼施加的力量刺激。运动中的肌肉收缩和重力变化给骨骼组织发出信号,让其感受到生长的需要,信号越强,反应越大,所以经常运动的青少年长得更高。

(二)改善血液循环系统

血液循环为身体各个器官输送氧气和各种营养物质,维持它们的生命活动。运动时人体需要很多的氧气及能量物质,在这个过程中,心脏需要通过加压提高血液的循环量来提供更多的养分。长期运动健身能

让心脏得到更好的锻炼,改善循环系统功能,让心肌变得更加强健,从而降低心血管疾病的发生率。

运动健身可让血管更富有弹性,变得更粗,输送血液的能力更强。运动通过消耗脂肪和降低体重,可以减少血液低密度脂蛋白,增加具有保护力的高密度脂蛋白,维持血管弹性及通畅度,降低血压,有效降低患病风险。

（三）改善循环呼吸功能

运动时,呼吸和心跳加快,心脏输出血量增加,肺吸入的气体量也随之增加。肺泡活动增强,使更多的肺泡参与气体交换,血液含氧量增加,可以促进新陈代谢,提高人体对环境的适应能力。

呼吸效率越高,呼吸频率越慢,呼吸肌就能够得到充分的休息,从而更进一步提高工作效率,维持更高的身体活动能力。

（四）促进消化系统发展

科学运动健身能增加体内营养物质的消耗,提高机体代谢率,从而增加食欲。这是因为经常适当运动可以增强神经—体液调节系统和血液循环的功能,深而慢的呼吸又造成膈肌大幅度升降和腹肌的配合活动,对胃肠和肝脾起到良好的按摩作用。所以,经常参加运动锻炼能改善消化系统的功能,使食物的消化、营养物质的吸收更加充分和顺利,从而为体质发展提供良好的物质保证。

（五）促进神经系统发展

青少年在运动锻炼中还能使大脑功能得到全面发展。运动锻炼能使神经系统得到发展,特别有助于提高想象力、空间思维能力和组织规划能力。所以,家长应该鼓励青少年多锻炼,养成良好的运动习惯,提高大脑工作效率,进而提高学习效率和学习成绩。

机体神经系统包括由脊髓和脑组成的中枢神经以及遍布全身的外周神经。神经系统连接各个器官系统,对人体活动进行控制和调节。体育锻炼对神经系统的影响主要表现在以下几个方面。

（1）体育锻炼使神经系统反应更敏锐、准确。在进行体育锻炼时，相关动作是肌肉、关节等部位在神经系统的控制与支配下完成的，神经系统不仅控制和调节人体动作，还可以检验动作的完成程度，使各关节、肌肉的动作更敏锐、准确。

（2）体育锻炼增强神经系统的反应能力和调节功能。体育锻炼过程中少不了左右侧身体的相互配合，左右侧身体的密切配合能够促进大脑左右两半球的均衡发展。体育锻炼时出现的刺激可以增强神经系统的反应能力，使神经系统对外界环境做出快速反应，有更强的调节功能。例如，当外界温度升高时，神经系统会命令皮肤增大血流量，张开表面毛孔，使汗液排出，进行散热。

（六）能够有效预防疾病

生命在于运动。合理的运动健身能增强体质，促进人体的内循环和内分泌，使人体脏器的各项功能维持在较高水平，从而有效提高人体免疫力，防病抗病。当人体运动时，机体血液循环加快，血液中淋巴细胞、吞噬细胞、白细胞介素等各种免疫细胞及因子增多，这些细胞及因子会阻止、消灭、杀死侵入机体的细菌、病毒等有害物质，有效保护机体免受伤害。运动能使骨髓快速生成白细胞，白细胞生成增多，一旦体内出现癌细胞，大量白细胞会消灭癌细胞。运动可以减少血液中的糖分，并增加血液中胰岛素的产生，从而达到预防糖尿病的效果。糖尿病是一组以慢性血葡萄糖水平增高为特征的疾病群，而运动可直接促进糖的代谢，消耗体内糖。对于过度肥胖的人来说，运动加食疗是最有效的办法。不仅如此，运动对其他疾病都能起到很好的预防效果。

青少年加强体育锻炼，能够促进身体素质的提高，加强身体机体的健康发育，对青少年的肌肉组织、骨骼的生长极为有益，并且对增强免疫力、心肺功能、循环系统、代谢系统等都具有明显的促进作用。因此，体育锻炼能有效预防各种疾病，促进青少年的健康成长。

（七）促进身材健硕健美

经常进行体育锻炼的青少年，不仅能增强体质，而且对塑造健美的身材也有直接作用。长期进行体育锻炼能使肌肉发达，身体各部位得到很好的发育，从而达到体型美、动作美的效果。比如，经常进行篮球、足球等运动的男生，一般都比较结实健硕，身材挺拔、强壮。在外形上就给人以阳光、开朗的健康感觉，而坚持锻炼的女生，则一般身材紧致、丰满，充满青春活力，而且皮肤充满光泽，健康而美丽。

总之，无论男生还是女生，坚持进行运动锻炼的青少年都会具有健硕健美的身材，给人以身心健康、充满活力的感觉。

（八）有助于增肌减脂

体育锻炼与节食减肥和药物减肥不同，是最有效的减肥方法。体育锻炼通过运动加大对体内脂肪的消耗，促进体内多余脂肪的氧化分解，在消耗脂肪的同时还增强了肌肉。拥有适当的肌肉，是健康的基本指标。肌肉不仅能保护骨骼、维护身体各项机能的正常运转，而且对促进机体的整体健康具有明显作用。

（九）有助于舒缓情绪、愉悦身心

生活中免不了要承受各种各样的压力，使精神处于紧张状态。体育锻炼能起到缓解紧张、释放压力的作用，尤其对于青少年而言，由于学业压力大，无论是升学还是考试，一股无形的压力始终挥之不去。近些年来，不断有青少年因无法应对学业压力而轻生的可悲事件发生，这引起了社会的广范关注。其实，除了减轻学业压力，对学生及时进行心理疏导之外，让他们多多开展体育锻炼也是一个重要的途径。因为人体在进行体育锻炼时，大脑会分泌一种叫"内啡肽"的物质，这种物质可以有效缓解疼痛，抑制低落情绪，使神经系统处于一种兴奋的状态。

二、缺乏运动对青少年体质发展的消极作用

长期缺乏运动，人体新陈代谢降低，很容易引起肩周炎、骨质疏松等各种肌肉关节疾病，同时也会出现心肺机能下降等不良身体反应。久坐不动还会引起痔疮、坐骨神经痛、盆腔瘀血等病症。运动不足也会严重降低机体抵抗力，易患疾病。下面简要分析运动缺乏对人体的不利影响和消极作用。

（一）对心血管机能的消极作用

如果长期缺乏运动锻炼，那么即使是青少年的机体，也会出现氧运输能力低下，心脏收缩力不足，心脏机能减弱的现象。这对青少年的体质发展十分不利。而且，机体长期缺乏体育锻炼，代谢功能减缓，可能会导致缺乏食欲、厌食，从而影响青少年正常的营养摄入问题，于是进一步对心血管系统带来消极影响。

（二）对呼吸机能的消极作用

长期缺少运动的青少年不是肥胖就是瘦弱，除此之外就是心肺功能弱，进而影响了呼吸机能。比如，出现稍微快走几步就气喘吁吁，不能爬楼，出现气短、心跳加速等不适现象。这些都是因为缺乏运动而导致肺的功能下降，呼吸表浅，进而使呼吸机能降低。

（三）对神经系统机能的消极作用

运动缺乏可导致脑细胞的新陈代谢减慢，使人记忆力与大脑工作的耐久力差，大脑皮质分析、综合和判断能力减弱，反应慢、大脑工作效率降低。

（四）对运动系统的消极作用

运动缺乏易导致骨质疏松，骨密度降低，降低关节灵活性和稳定性，肌肉纤维变细、无力，肌肉收缩能力减退，同时骨周围肌肉组织肌力减弱，容易引发骨折。

（五）运动缺乏容易出现亚健康症状

长期缺乏运动还可能造成亚健康体质，就是虽然没有明显的病症，但体质较为虚弱，容易疲倦，没有精神，记忆力不好，注意力不易集中，情绪经常低落、焦虑，多梦，对生活没有什么兴致。这些症状本不应该出现在青少年这个年龄阶段，因为他们正是充满朝气，对世界充满好奇心的年龄,但由于体质下降而变得郁郁寡欢,甚至出现失眠、思维效率低、易感冒、嗜睡、头晕、抑郁等症状。

第二节　青少年运动锻炼的学科理论基础

青少年开展体育锻炼活动时,有必要对相关的学科知识进行梳理,这是保证青少年体育锻炼能够科学、有效进行的前提条件。本节将对其中最重要的学科展开分析。

一、青少年体育锻炼的生理学基础

与青少年体育锻炼具有密切关系的一门学科是生理学。人体在进行体育锻炼时,机体内部会发生一系列的生理变化,掌握一定的生理学知识,是教师开展教学活动的必要前提。

(一)青少年的生长发育规律

人体的生长发育存在着一般客观规律,因此通过了解和掌握青少年的生长发育规律,可以更加科学地指导青少年进行体育锻炼。[①]

1. 不均衡性和脆弱性

尽管青少年期的生长发育存在普遍的客观规律,但是个体间的差异仍然不容忽视,有的青少年生长发育较快,有的则相对缓慢,其外在表现就是有些青少年在身高、体格方面都明显地比同龄人要高一些、壮一些。从机体的内在发育来看,也存在着一定的差异性和不均衡性,如有的青少年的消化系统发育较弱,有些则是运动神经系统相对迟缓等。同时,青少年发育的不均衡性又会衍生出脆弱性的问题,如生长过快,再加上不良生活习惯的影响,有时会出现骨骼变形、关节和韧带受伤、心

① 陈蔚红.学前儿童卫生与保健[M].北京:中央广播电视大学出版社,2011:102.

血管系统受损等现象。因此,青少年在从事体育锻炼时要格外小心和谨慎。

2. 不平衡性和统一性

青少年自身的各个系统也存在着发育不平衡的状况,如青少年的运动器官的生长发育就明显地比心血管系统的生长发育要早,但是运动器官的各个部分也存在发育不平衡的现象。比如,肌肉的生长和发育要早于关节和韧带,而肌肉的增长也存在先后关系,如背肌和大腿前面的肌群、小腿肌群和臀部肌群快于大腿后侧肌群、四肢外展肌。

尽管青少年的各个系统发育时间存在明显的差异,但是从整体上来说,各个系统之间的内在又是协调的、统一的。它们都是在神经—体液的调节下互相联系、互相影响,服从于机体的生命活动过程。

(二)青少年体育锻炼的运动生理学基础

1. 体育锻炼与人体适应规律

体育锻炼对人体具有全方位的影响,在一定的范围内,体育锻炼能够对人体的生命活动产生深刻的改变,包括身体形态、运动系统、代谢系统、循环系统、呼吸系统等。总之,在人的一生中,体育锻炼都能够影响和改变人体的生命活动和生活质量。

适应是指当某些环境发生长期的改变时,人体也会随之发生变化。比如,人体的功能和形态会随着环境的改变而进行适应性的调整,从而能够具有更强的生命力,得到更充分的发展。适应也是人类得以生存和发展的重要前提。

体育锻炼是提高人体各项机能的重要途径,是促进人体不断适应自然环境与社会变化的有力手段。通过科学、系统、长期的体育锻炼,能够激发人体的适应能力不断提升,同时也使人体的各项身体机能得到显著提高。通过观察,经常进行体育锻炼的人与不经常锻炼的人,在身体形态、健康水平以及精神面貌等方面的区别,就会发现体育锻炼对人体健康水平以及适应能力的深刻影响。

2. 体育锻炼与人体生长发育

人体的生长发育过程,简单地说就是一系列的同化作用与异化作用的结果。在青少年时期,人体的同化作用远远大于异化作用,因此青少年在成长期身体形态的变化是十分明显的,其身体在多个方面都得到快速发展,其构造和功能也经历着一系列的生理变化逐渐趋向成熟。

根据人体的发育规律,一般存在两个生长发育的高峰:一个在青少年期,一个在青春期。尤其是在第二次的生长高峰期青春期,男童一般发生在 12 ~ 14 岁期间,女童发生在 10 ~ 12 岁期间,此时,他们的身高增长值分别为 6.6 厘米和 5.9 厘米,且青春期的女童的发育要早于男童。

而进入成年之后,无论男性还是女性,人体的各个系统和器官基本发育完全,一般到 25 岁左右达到巅峰期。从 25 ~ 40 岁左右,称为"青壮年期",因为此时人体在各方面都表现得强健有力,身体各项机能与健康水平都非常好,是人的生命力最为旺盛的一个时期,因此青壮年期人群是社会建设的中流砥柱。进入 40 岁之后,人体开始逐渐进入衰退期,此时机体的异化过程慢慢地大于同化过程,随着年龄的增长,人体的衰退速度也在逐年增加。但是,如果长期进行体育锻炼,特别是那些在从生命早期就养成锻炼习惯的人,其衰退表现就较晚,机体组织和器官也比同龄人更加强健。由此可见,体育锻炼不仅能够提升身体的健康水平,并且还能有效地延缓衰老、延长寿命,提高人们的生活质量。

二、青少年体育锻炼的心理学基础

青少年时期人体的心理发育还处于起步阶段,而进行体育锻炼时会遇到很多困难和挑战,这些困难与挑战不仅影响青少年的运动训练,也会对他们自信心以及自我效能的发展产生深远的影响。因此,在开展系统的体育锻炼之前,有必要对青少年的心理学进行一定的了解,从而为促进青少年的科学锻炼做好准备。

(一)运动心理学基础

在心理学体系中,心理的内容主要包括心理过程、状态、个性心理特征等各种心理现象。其中,心理过程主要包括三个方面的内容:认知过程、情感过程、意志过程。心理状态指人体在某一时刻进行信息加工时表现出来的具体状态,这一点在运动训练中较为突出,许多青少年在训练和比赛中表现出完全不同的心理状态。个性心理特征则主要反映个体之间的心理差异,体现在兴趣、能力、气质等各个方面。

（二）青少年体育锻炼的心理学特点

青少年由于年龄尚小,他们的身心都还未得到充分的发育,因此在进行锻炼时,需要特别关注青少年的心理特点,进而有理论依据地发展青少年的身体素质和运动技能。

青少年的心理学特点主要体现为好奇心强,模仿能力、感觉能力都很强,情绪容易波动,比较敏感且脆弱,他们的情绪来得快,去得也快,遇到困难容易产生畏难心理等。抓住青少年的这些特点,对于指导他们的体育锻炼具有重要意义。

青少年通过体育教师在课堂上对技术动作的讲解与示范,通过自身的不断练习,逐步掌握运动知识,习得运动技能。由于青少年擅长采用感官进行学习,因此通过观察教师的示范动作,通过视觉、听觉和动觉的默契配合,能够很好地促进他们的体育学习。通常情况下,青少年在刚开始进行运动练习时,对动觉的感受较为模糊。随着训练逐步推进,模糊的感觉会变得清晰,对运动技能的掌握也越来越熟练。

三、青少年体育锻炼的训练学基础

在运动训练实践的基础上,运动训练学理论得以形成与发展。运动训练学理论作为一门独立的理论学科,主要用于研究运动训练规律,包括训练过程中的一般规律、训练的目的、内容、措施、评价等各项内容,对运动训练具有普遍的指导意义。

（一）运动训练学基础

1.运动持续的时间与运动强度

一次运动锻炼期间所消耗的时间就是运动持续时间。单位时间里移动的距离或者所消耗能量的多少就是运动强度。在很大程度上,运动强度能对运动的剧烈程度做出反应,是运动量的一项构成要素。从生理学的角度来分析,运动训练与运动训练所取得的效果之间有着密切的关联。

2. 练习次数与训练频度

在一次运动训练中的重复次数就是所谓的练习次数。一周的训练天数就是训练频度。运动训练过程中,训练目的、运动形式以及运动参与者运动水平等多种因素都会不同程度地影响训练的次数与训练频度。研究表明,对于初次参与运动训练的练习者,隔天训练的效果要比每天进行训练的效果要更好。运动参与者负荷量的大小以及当前的体能状况可以作为决定运动训练频度的参考依据。

3. 运动量

就单次运动来说,运动强度与运动持续时间的乘积,就是运动量。如果是衡量一段时间的运动总量,则还应该乘以运动频度这一因数,即"运动总量 =(平均运动强度 × 运动持续时间)× 训练频度"。

合理安排运动量的问题在运动训练中是需要引起重视的,运动效果的好坏以及运动后体适能的水平一定程度上取决于运动量的大小。如果运动量没有达到一定程度,就不能够实现提高相应器官功能的目的,健康体适能的提高也就不会明显;而如果运动量超过了合理的限度,不仅不能够提高健康体适能,甚至还会对运动参与者的身心健康造成不利影响。

4. 运动训练学的维度

可以从横向、纵向两个维度,深刻理解与剖析运动训练学理论体系架构。

（1）在横向维度上,运动训练学理论体系包括训练内容、训练负荷等。

（2）在纵向维度上,运动训练学理论体系被划分为三个基本层次,即一般训练学层次（对所有运动项目普遍适用的理论）、项群训练学层次（对部分运动项目适用的理论）、专项训练学层次（适用于一个运动专项的理论）。在运动训练学理论体系的这三个层次中,项群训练学尤为重要,地位尤为突出。

运动效果不仅与运动训练有关,还受到多种因素的影响,如心理因素、环境因素等。运动训练学理论也引入了多种学科的知识,如人体运动科学知识、人文社会科学知识等。这些知识可以使自己的理论更加完善,充分体现出运动训练学的综合性、应用性特征。

(二)青少年的锻炼要点

1. 要注重平衡性与合理性

在青少年期进行体育锻炼时,尤其要注意锻炼目标、锻炼方法和锻炼时间的平衡,只有在合理的安排下进行锻炼,才能既促进青少年的身体发育,同时又能遵循青少年身体的正常发育规律,保护他们的心理健康发展。

2. 选择合理的运动负荷

青少年在进行体育锻炼时,一定要控制好运动负荷,过大、过小都不合适,负荷过大,会对青少年的身体造成损伤;负荷太小,又达不到锻炼的效果。因此,合理安排负荷是青少年体育锻炼的重点,也是优秀的体育教师应该掌握的基本能力。

3. 锻炼时间应高频、短时

青少年的体育训练和成人的另一个主要区别是,训练频次要高,单次的时间要短。这是因为绝大多数青少年都活泼好动,能够随时进入运动状态,但是较难长时间地保持安静。因此,根据青少年的这一年龄特点,可以高频地安排各种体育锻炼,合理利用他们精力旺盛、好奇心强烈的特点。与此同时,由于青少年的肌肉组织还未完全发育,因此力量小且耐力差,很容易就感到疲劳,因此每次的锻炼时间应控制在 20 分钟之内,让他们有足够的休息时间恢复体力。

第三节　青少年体育锻炼的基本原则与运动处方

青少年体育锻炼的原则是指导青少年体育健身活动的基本思想,它反映了青少年体育锻炼过程中的客观规律,是取得理想锻炼效果的前提条件,因此是每一位青少年体育教育者都应该掌握的内容。

一、青少年体育锻炼的基本原则

(一)自觉性原则

自觉性原则是指发展青少年的体育锻炼热情,并激励其内在的运动需要,从而可以自觉地开展体育锻炼活动。尽管针对青少年设计的许多体育游戏都是设定在一个轻松有趣的情境下进行的,但是从本质上看,一切体育锻炼都需要克服恐惧和惰性,努力战胜困难,不断地走出舒适区,才能使自身能力不断地得到发展。

自觉性原则是保证青少年进行课外体育锻炼的重要前提。只有青少年具备了自觉进行体育锻炼的意识,体育锻炼的效果才能更好地显现。因为再好的体育教师也不可能随时监督青少年的日常体育锻炼,而如果不能长期地、规律地锻炼,那么也无法实现相应的效果。青少年能够主动坚持体育锻炼的关键,是养成了良好的自觉性,在生活和学习中都表现得较为自律,而且能够正确认识体育锻炼给自身带来的诸多好处,知道坚持锻炼可以更加健康,不易生病,可以长得更高,更有力量等。

(二)经常性原则

经常性原则是指体育锻炼必须持之以恒才有效果,规律地、长期地进行体育锻炼对青少年将产生深远的积极影响。经常性原则主要体现为促进青少年逐渐养成体育锻炼的习惯，自发自觉地进行锻炼，从而将体育锻炼作为自己日常生活中的一部分。从生理学的角度讲，体育锻炼能有效地促进人体新陈代谢的提升，从而达到增强免疫力、提高健康水平的目的。

健康是一种生命状态，也是一个动态的过程，要想实现这一状态，就需要不断地、有计划地进行锻炼。比如，青少年自从进入幼儿园起，就开始培育规律的生活作息，这对加强体育锻炼是非常有利的条件。通过合理安排早操、课间操、班级体育锻炼以及课外兴趣小组的体育活动，有助于青少年全面发展自己的体育兴趣，并且逐渐养成经常进行体育锻炼的意识和习惯。

（三）动机激励原则

动机激励原则是指通过有效激发青少年的主动性，提高其自觉进行艰苦训练的动机和行为的训练原则。这一原则通过各种方式和途径，试图启发青少年的训练积极性和主动性，提高其内驱力，从而能够独立、自主、创造性地进行刻苦训练，并能够在训练过程中进行自我调控、自我疏导，做到积极归因，从而能完成长期的、艰苦的训练，并表现得高效和充满动力。

遵循动机激励原则的理论依据主要有以下几点。

第一，成功动机是重要的原动力。通过体育锻炼，能够很好地发展青少年的自信心和自我效能感，这对青少年早期的心理建设具有重要意义。通过不懈的努力，青少年克服困难完成教师布置的锻炼任务，这有助于发展青少年的自我价值，逐渐对自己建立起客观的认识和评价。对于青少年而言，获得同伴和教师的认可是推动他们坚持锻炼和不断迎接新的挑战的强大动力。青少年之所以能自觉克服重重困难，就是因为具有强烈的成功动机。在这一过程中，青少年需要付出巨大的努力，而结果又充满不确定性。在这种情况下，只有强烈的成功动机才能激励着青少年自觉地刻苦训练。

第二，通过持续激励保持斗志。青少年在进行体育锻炼时，会面临身体和心理的双重挑战，其中包括运动的难度以及运动过程中对耐力的考验等，这些都会不断挑战着青少年的耐心，会使青少年感到挫败与退缩,甚至失去信心直至放弃。因此,在锻炼的过程中,需要教师耐心引导,并不断地激励青少年保持良好的动机,及时肯定他们的努力成果。对于青少年来说,感受到阶段性成就是莫大的鼓舞,是接受挑战的巨大动力。因此,教练需要持续地激励青少年,给他们正向引导和积极反馈,帮助青少年保持对锻炼的兴趣和好胜心,从而坚持运动,获得较好的锻炼效果。

（四）目标性原则

目标性原则是指对即将进行的体育锻炼有明确的目标,并始终以该目标指导锻炼过程。目标性原则需对以下几种情况加以注意。

第一,要检测青少年的体能情况,包括身体形态、身体机能和运动素质,全面了解青少年的体能发展现状,判断不同青少年体育锻炼的起点,从人体生长发育规律出发对适合不同青少年的合理的体育锻炼目标加以确定,使青少年清楚通过体育锻炼要达到的具体目标。

第二,对可行性强的体育锻炼计划予以制定,具体要求从青少年的体能状况、训练目标出发加以设计与安排,在计划中进行训练阶段划分,提出不同阶段的具体训练目标和训练方法手段。

第三,根据青少年的训练情况和体能变化情况而科学诊断训练效果。通过体育锻炼实践检验训练计划、训练方法是否合理,是否能够使青少年达到预期训练目标,并通过体能测试检验目标达成情况。

第四,如果通过体能测试发现达到了阶段性训练目标,则继续按原计划执行训练;如果测试结果显示距离预期的阶段性训练目标还比较远,则要客观分析原因,及时调整训练计划,改进训练方法。

（五）循序渐进原则

青少年在发育阶段,身体还较为脆弱,在进行体育锻炼时,尤其要注意运动安全,无论是运动难度还是强度,都应由简到难循序渐进地进行,否则容易使机体出现劣变,产生不适症状,影响健康。

体育锻炼切忌急于求成,要注意以下几点。

第一,根据机体能力安排运动负荷,训练结束后身体感到适度疲劳,这说明训练负荷适宜。

第二,循序渐进地实施训练方法和手段,先采用简单容易的方法,然后逐渐采用较难的复杂的方法,使机体逐渐提升适应外界刺激的能力,提升机体的应激水平。

第三,每一次体育锻炼都要循序渐进,从热身开始,然后负荷增加,向正式训练过渡,最后再减少负荷,进行放松活动。

（六）持之以恒原则

青少年体能的改善与体能水平的提升是一个长期的过程,需要坚持不懈地进行体育锻炼才能达到体能发展的目的,如改善身体形态、提升身体机能水平、促进运动素质协调发展等。因此,青少年要养成长期坚持体育锻炼的好习惯,不能半途而废,有始无终。

人体生物适应具有长期性,基于这一规律而提出的持之以恒原则要求青少年长期坚持训练,在训练中改善每个系统、器官的功能,从而产生良好的生物适应,以上这些只靠一朝一夕的训练是无法实现的。

体育锻炼的效应具有不稳定性,如果断断续续训练,体育锻炼的效果就会慢慢消失,甚至会出现体能水平不及训练前的情况。因此,持续训练是非常重要的。

贯彻持之以恒训练原则要注意以下几点。

第一,训练动机明确、正确。明确合理的训练动机能够激发青少年的斗志,使青少年长期坚持训练,如以减肥为动机的青少年能够在强烈动机的推动下坚持体能锻炼,从而获得健康而优美的身体形态。

第二,制定恰当的训练计划,能够对青少年的运动心理产生影响,对青少年的训练行为进行调控,督促青少年行动。

第三,青少年结伴进行体育锻炼,在有人陪同的情况下,个人不易放弃训练,同伴之间相互加油鼓励,能够一起坚持下去。结伴练习也能创造出很多新的训练方式,避免训练形式单一。

（七）区别对待原则

青少年的生长发育规律基本相同,即使存在生长发育的程度差异,也基本保持在合理范围内,但青少年的体质与其他群体相比,由于先天遗传与后天环境的双重影响,差异就比较明显。因此,在体育锻炼中要根据青少年的生长发育特点去安排训练事宜,体现出与其他群体体育锻炼不同的一面。与此同时,即使面对同一年龄群体的青少年进行体育锻炼,也要观察他们在合理范围内的差异,做到区别对待,不能"一刀切"。

不同青少年参与体育锻炼的目的可能有所区别,如有的青少年为了强身健体,有的为了减肥塑形,有的为了防治疾病等。对于持不同目的进行体育锻炼的青少年也要区别对待,根据不同的训练目的合理安排科学有效的训练内容与方法。

需要注意的是,有的青少年因为先天遗传或后天受到不良环境因素的影响而体质较弱,也有一些身体发育不健全的特殊群体,对于这部分青少年,我们尤其要注意区别对待,了解他们的身体情况和真实需求,在体育锻炼中做到对症下药,具体要求如下。

第一,对特殊青少年群体的身心状况进行分析,了解其需求,从而制定特殊的训练计划。

第二,尊重青少年的体质差异,为体质特殊群体设计切实可行的训练方法手段。

第三,在体质特殊群体进行体育锻炼的过程中,教师要多鼓励,多用正面语言暗示,帮助他们增强自信。

第四,要长期抓好特殊青少年体育锻炼工作,不能"放弃"这部分青少年,争取使他们通过坚持训练而达到正常体质水平。

(八)安全性原则

安全是维持学校体育教学正常秩序的保证,因此在学校体育教学中开展体育锻炼,必须贯彻安全性原则,将青少年的生命安全放在首位。

增进健康是青少年体育锻炼的根本目的,预防伤害事故,保证青少年的安全是实现这一目的的前提条件。在体育锻炼中,有时会因为场地器材使用有误、热身不充分、保护帮助不及时、训练方法不科学等原因而导致运动伤害事故发生,这是必须高度警惕的。

在体育锻炼中贯彻安全性原则要注意以下几方面的要求。

第一,在训练前制定安全周密的训练计划,检查场地器材,根据青少年的训练目的设计安全可靠的训练方法。

第二，热身准备是体育锻炼过程中的第一步，通过热身，使身体机能更快进入活动状态，为正式训练打好基础。

第三，加强对青少年的保护，在青少年训练时提供必要的帮助，这需要发挥体育骨干或体育委员的重要作用。

第四，日常体育教学中加强安全教育和运动损伤防治的理论教学，使青少年有意识地预防损伤，并掌握基本的损伤应急处理方法。

（九）全面发展原则

青少年参与体育锻炼，既要改善身体形态，又要锻炼身体机能，同时还要提升身体素质，这样才能全面发展与提升体能。因而，在体育锻炼中要贯彻全面发展原则，促进青少年各方面体能因素的协调发展。

贯彻全面发展的原则要求在体育锻炼中注意以下几点。

第一，体育锻炼方法丰富，手段多样，尽可能通过采用丰富多样的训练方法和手段来全面锻炼各方面体能素质。

第二，分清训练中的主要系统和辅助系统，促进机体各系统训练的全面性，如以大肌群力量训练为主时，小肌群肌肉力量训练作为辅助系统同样不可忽视。

第三，合理配置不同训练内容和方式，将趣味性练习穿插于内容枯燥的练习中，将田径类基础训练内容穿插于其他运动项目的体育锻炼中，提高身体活动能力。

第四，注意全身训练，局部练习时间不可过长，以免因局部负荷过大而造成运动损伤。

第五，在锻炼身体的同时培养心理素质，促进身心协调发展。

二、青少年体育锻炼的运动处方

（一）运动目的

有利于青少年体质发展的运动处方有很多，最常见的是有氧运动。坚持进行有氧运动对青少年的身体机能和身体素质的提升都具有明显作用。具体可以从以下几个方面来体现。

第一,增强身体素质,发展体能水平。

第二,促进青少年的生长发育。

第三,有效预防和治疗某些日常生活中常见的疾病。

第四,丰富青少年的业余文化生活。

第五,提高学习与工作的效率。

第六,提高运动技能水平,掌握一技之长。

(二)运动项目

可供青少年选择的有氧运动项目是非常多的,如慢跑、游泳、骑自行车、打太极拳、健身舞等,这些运动项目的特点是运动强度低、富有节奏、持续时间较长,坚持参加这项运动项目的锻炼能很好地发展和提高青少年的耐力水平。

(三)运动时间

一般来说,有氧运动 30 分钟以前消耗的热量是由身体内的血糖和肌肉来提供的,30 分钟以后才由分解脂肪来提供能量。有氧运动能起到锻炼身体,提高心肺功能的作用。建议运动时间在 30 ~ 60 分钟之间,至少有 20 分钟心率在 134 ~ 140 次 / 分钟,运动最好安排在下午的 2 点到 6 点之间。这样通常能取得不错的锻炼效果。

(四)运动频率

运动频率的多少会在一定程度上影响运动锻炼的效果,青少年一定要结合自己的具体实际合理把握。一般情况下,运动频率最好是每周运动 3 ~ 4 次,一般能取得不错的锻炼效果。

(五)注意事项

(1)参加运动锻炼前,要做好充分的准备活动。

(2)保持适宜的运动量,如果感到运动量过大就要进行适当的调整。

（3）做好运动后的整理活动,进行整理和放松,促使身体机能及时恢复。

（4）坚持不懈地参加运动锻炼,不能荒废。

第四节　青少年运动锻炼的误区与正确认识

一、误区一：运动强度越大,锻炼效果越明显

（一）认识误区

经常运动对生长发育、血液循环、呼吸机能、消化系统、神经系统、运动体能等身体机能和身体素质的发展都有重要作用,所以有些青少年平时喜欢参与大强度运动,不顾自己的运动能力和接受能力而盲目增加运动量,每次都锻炼到没有力气才肯罢休,认为这样才能取得更好的锻炼效果,其实这是错误的认识。

（二）指点迷津

我们承认运动强度直接影响锻炼效果,二者之间存在着必然的联系,但如果运动强度超过身体负荷,那么不仅对健康无益,还会损害身体,甚至有生命危险。人体需要置身于一定的环境中才能新陈代谢。这里的环境既包括人体细胞所处的内环境,也包括机体所处的外环境。人要生存,身体机能系统就必须在稳定的内环境中完成工作,这是根本条件。而如果运动强度超出身体负荷,内环境受到干扰和刺激,不再具有稳定性,生理平衡也遭到破坏,再加上身心受到的刺激超过承受能力,而自我更新速度慢,最终导致机体环境失衡而引起损伤。

青少年必须从自身身体情况出发而对适宜强度的项目和锻炼方法进行选择,在运动过程中充分调动身体各个组织系统,使机体组织在稳定的环境中完成物质代谢和一系列积极的生理反应,这样才有助于体能

的恢复,才能取得理想的锻炼效果。

二、误区二:运动后"急刹车",体能可以快速恢复

(一)认识误区

有的青少年完成剧烈的运动后习惯马上停下来休息,也就是运动后"急刹车",如完成长跑运动后感到四肢无力,头晕目眩,身体疲乏,所以立刻坐下来或躺在操场上休息,希望尽快恢复体能,其实这样并不利于体能的快速恢复。

(二)指点迷津

剧烈运动后"急刹车"的做法没有科学性,会危害身体健康。当我们处于运动状态中时,肌肉有节奏地连续收缩和舒展,肌肉舒展放松时大量血液在血管中,收缩时血液向心脏流动。如果立刻停止运动,血液依然大量从心脏流向身体周围,而向心脏回流的血液却很少,这样不仅不利于消除疲劳,还会对下肢血液回流造成阻碍,血液循环受到干扰,这种情况下身体更加疲劳,甚至有重力性休克的风险。因此,剧烈运动后立刻停下来保持坐姿或卧姿的休息姿势是不科学的,与运动生理学科学理论是相悖的。

正确的做法是:结束运动后,不管身体多累,都要先对呼吸进行调整,通过慢跑或步行来缓冲和过渡,做整理类、放松类练习,增加回流到心脏的血液量,使重力性休克得到有效的预防。运动后的整理活动要与正式的活动内容相联系,或者说整理活动是正式锻炼运动的延续和衔接。例如,完成滑冰、跑步等运动后,继续减速滑行或减速跑,同时调整呼吸,多做深呼吸和下肢屈伸练习,以放松肌肉,恢复心率,这对消除疲劳、恢复体能以及预防脑缺血、重力性休克都具有重要意义。

三、误区三：多吃饭可以补充运动消耗

（一）认识误区

青少年大都喜爱球类运动，参加篮球或足球运动会消耗大量的能量，运动结束后青少年会通过大量饮食来补充能量，满足机体对能量的需求，以促进消耗与吸收的平衡。一些青少年认为只要吃得多，就能很快补充消耗的能量，所以运动后大量喝饮料和吃零食便成为一件常见的事。

（二）指点迷津

青少年处于生长发育的关键时期，饮食和营养对生长发育有很大的影响，所以喜欢运动的青少年一定要注意科学补充营养，合理饮食。人们吃饭是为了获得机体需要的能量和营养，以促进机体发展，延续生命。不同的人对营养有不同的需要，这与人的性别、年龄、生理状态等有关，但运动后是不是就该多吃饭与人的食欲有关，而运动强度和运动量大小在很大程度上影响着人运动后的食欲。合理的运动锻炼对血液循环、新陈代谢有促进作用，能够改善人的食欲和精神状态，如果运动量大，大量消耗体内热量，那么机体的需氧量也会增加，运动后饭量也会大一些。但是，如果运动过度，机体疲劳加重，胃酸分泌减少，影响消化系统机能，这时食欲就会减弱。

补充食物能够给机体提供能量，人体能量主要来源于三大营养素，即脂肪、蛋白质和碳水化合物，人体能量的消耗量与补充量要保持平衡，要根据消耗能量的多少来决定需要补充多少能量，所以运动后并不是吃得越多越能弥补消耗。要视运动中消耗的能量而定，也要根据运动后机体的反应来安排饮食。

四、误区四：运动时喝冰水解渴

（一）认识误区

许多青少年喜欢喝饮料，运动时更喜欢喝冷饮，有时贪一时凉爽，直接喝冰水来解决口渴的问题。他们认为喝冰水不但能够补水，还能降低体温，感觉很清爽。

（二）指点迷津

运动中会有大量热能产生，一部分热能为肌肉活动提供能量，满足机体运动之需，另一部分热能会使人的身体温度升高。运动中产生的热量随着运动量的增加而增多，如果机体散热不充分、不及时，体内积蓄大量的热能，身体温度持续不断地升高，那么就会影响生理机能的正常运行和运动能力的正常发挥。

运动过程中人体散热的主要方式是出汗，运动强度越大，环境温度越高，消耗的热能越多，出汗量也就越大。机体很可能因为大量出汗而陷入脱水状态，这时就会严重影响身体机能的正常活动，导致运动能力下降，所以运动中补水很重要。但如果饮用温度太低的水，肠胃突然受到冷刺激，就可能引起胃痉挛，影响消化系统功能，这样机体就不能很好地吸收水分，不仅口渴的问题没有得到解决，反而会引起运动疾病。

运动中补水，水温的适宜温度为8℃~14℃，这个温度的水能够很快被吸收，不仅能解决口渴问题，还能补充能量，满足运动时机体的需求。

五、误区五：专项训练要从小抓起

（一）认识误区

喜欢运动的青少年大都有自己崇拜的优秀运动员或喜爱的体育明星，优秀运动员或体育明星童年的训练生活对青少年来说是很励志的，有的家长发现了孩子的运动天赋，希望往专业运动员的方向培养孩子，当他们看到优秀运动选手童年辛苦训练与现在辉煌成绩的联系后，便萌生了让自己孩子早一些参加专项训练的念头。喜欢参与体育运动并立志当运动员的青少年也不反对早早参加专项训练，认为越早从事专项训练，就能越早成为优秀的运动选手，取得优异的比赛成绩。这种认识其实是不科学的，正所谓"欲速则不达"。

（二）指点迷津

一个人的运动训练水平和竞技能力高低是同时受多方面因素影响的，开始从事专项训练的时间并不能完全决定将来的运动水平和运动成绩。体能、心理素质、智力、技战术能力等因素都很关键。有人用"水桶理论"来解释运动员训练水平的发展变化：运动员的训练过程其实就像把水装进木桶里的过程一样，一旦木桶开了一个小口或木桶制作材料高度参差不齐，那么就会影响木桶的装载能力，表现在运动员身上就是影响运动员的训练水平，最终对其运动成绩产生影响。

孩子过早从事专项运动训练，其身体素质就很难得到全面发展，这对他们将来训练水平的提高将会造成严重影响。所以，培养青少年体育后备人才，要从基础训练和基础教育抓起，只有先把基础训练工作做扎实做全面了，使青少年具备了良好的身心素质，才能为未来专项发展奠定良好的体能基础，因此早期的运动以追求健康和全面发展为主，过早追求专业训练会适得其反。

六、误区六：运动影响学习，不可兼顾

（一）认识误区

尽管我国现在实施素质教育方针政策，但应试教育的思想和教学现象依然存在，重智育而轻体育的思想意识在青少年及其家长群体中还是很普遍的。很多家长、青少年认为体育锻炼会影响文化课学习，运动容易使人分心，影响文化课程学习的专注力，影响学习成绩和升学率。

（二）指点迷津

科学合理的体育运动能够增强青少年神经系统的兴奋性,使青少年的记忆中枢获得积极的休息,这有助于提高青少年的记忆力和学习能力,而且运动还能改善神经系统分析器的机能,提高神经活动的灵活性和均衡性。这有助于帮助青少年缓解压力,促进其紧张情绪的消除和睡眠质量的改善,这对其学习效率的提升都有很大的帮助。

体育锻炼不仅对生长发育有益,对健康有益,还对学习有益,一举多得,所以说运动影响学习是错误的认识,但如果过度运动或完全沉迷运动,不能平衡运动时间和学习时间,那么就会影响学习,这是不倡导的。青少年一定要科学参与运动,对运动量合理控制,以促进身心健康和全面发展为主要目标,这对学习成绩提升及未来发展将起到积极的促进作用。

第四章

青少年体能锻炼指导

　　本章将专门对青少年的体能锻炼进行深入的分析，内容包括青少年体能锻炼概述、青少年体能锻炼的原则与方法、青少年体能锻炼计划设计、青少年不同体能素质的锻炼方法，以及青少年趣味体能锻炼方法。

第一节　青少年体能锻炼概述

体能训练是体育锻炼的核心部分,如果仅仅是体育运动而没有体能训练,那么更多的是休闲娱乐的范畴。目前国家大力推行的"双减"政策,其目的是提高青少年群体的体质发展水平。因此,加强体能训练是体育锻炼必不可少的内容。

一、体能训练与体能锻炼

(一)体能训练的定义

体能训练一般是从竞技体育的角度来定义与理解的,它是青少年运动训练的重要组成部分之一,是通过一般和专项身体训练,改造青少年身体结构与功能,提高青少年机体机能水平和专项运动素质水平的过程,从而为提高青少年的综合竞技能力及比赛成绩奠定坚实、深厚的基础。[①]

(二)体能训练与体能锻炼的区分

体能训练和体能锻炼不同:前者是从竞技体育领域出发界定的,面向青少年;后者是从大众健身领域出发界定的,面向普通大众。体能锻炼的含义是人们采取身体练习的方式来塑造良好身体形态,提高身体机能与身体素质,促进身体健康的实践过程。[②]

从体能锻炼与体能训练的含义来看,它们之间的区分主要体现在以

---

① 龙春生.体能训练法[M].沈阳:辽宁大学出版社,2009:55.
② 秦剑博,常宇伟.大学生体能健身理论与方法[M].北京:北京体育大学出版社,2018:88-89.

下几个方面。

1.适用对象不同

体能锻炼面向的是普通大众,体能训练面向的是竞技专业青少年。

2.目的不同

大众进行体能锻炼的目的是改善体质,增进健康;而竞技后备人才参与体能训练的目的是提升运动素质水平和竞技能力,最终提升比赛成绩。

3.运动内容、形式与时间不同

体能锻炼的身体活动内容、锻炼时间与形式都比较随意,没有严格规定,人们可以根据自身情况而灵活调整;竞技后备人才的体能训练内容、时间和形式都要按计划与规定严格进行,当然也要根据具体情况而调整,但不能主动随意改变规定和计划。

4.运动强度不同

体能锻炼以中低等强度为主,没有特别要求,根据锻炼者的适应能力而安排;体能训练的强度比较大,高等强度训练与中等强度训练交替安排,从而有效提升青少年的运动素质水平。

体能锻炼与体能训练的区别见表 4-1。

表 4-1　体能锻炼和体能训练的区别 [①]

	体能健身	体能训练
对象	普通大众	青少年
目的	增进健康	提高运动成绩
内容	比较随意	严格
形式	比较随意	严格
时间	比较随意	严格
强度	中低等强度	中高等强度

---

① 秦剑博,常宇伟.大学生体能健身理论与方法 [M].北京:北京体育大学出版社,2018:44.

二、青少年体能锻炼的意义

（一）增强体质

青少年通过体能锻炼可以改善基本的身体素质，增强身体的免疫力，对促进他们身心的全面健康成长具有积极意义。青少年身体机能很多方面都处于生长发育的过程中，且有些机能还未发育完全，因此在这一阶段如果能够加强体育锻炼，可以很好地增强他们的体质，为今后拥有健康的体魄打下良好的基础。

（二）提高运动素质

青少年良好的运动素质如力量、速度、柔韧、耐力、灵敏以及协调能力等是其在比赛场上充分发挥运动潜力、完成技战术任务以及创造优异成绩的基础与前提。青少年运动素质的发展水平受先天遗传因素的影响，但很大程度上是由后天的训练所决定的，体能训练是青少年全面提升与综合发展运动素质的重要手段。

（三）为发展运动技能奠定基础

青少年在体能锻炼的过程中，通过对他们力量、耐力、柔韧、速度等素质的提升，可以全面地提升其身体素质和机能，从而为真正掌握一项运动技能奠定扎实的基础。特别是对那些想要精通某种运动项目的青少年来说，只有具备了扎实的身体素质，才能更好地学习和掌握某些技战术能力，才能在更加严格和专业的训练中，保持身体始终处于良好的状态，以及能够应对高强度的训练和比赛等。

青少年进行体能锻炼的过程，也是协调发展机体各个器官系统功能的过程，身体各器官系统的协同发展是提升青少年专项运动能力的基础，是青少年完成每个技术动作的基本保证。技战术越难，对青少年体能的要求越高，所以只有具有较强的身体素质，才能更好地掌握复杂的技战术。

青少年储备越多的基础动作技能,就越有助于对特定动作技能的学习与掌握,这是技能迁移原理的基本观点。青少年在体能训练过程中要完成大量的身体练习动作,重复各种身体动作是体能训练的基本形式,熟练掌握这些身体练习动作能够使青少年在学习复杂的专项技术时轻松一些,有助于提高青少年对复杂技术的学习与掌握效率及练习效果,促进青少年专项技术能力的发展。

（四）提升心理素质水平

体能锻炼在促进青少年身体健康水平、运动素质提升的同时,还能帮助青少年塑造健康优良的心理素质,并使青少年拥有满足专项需要的心理素质。体能锻炼的效果不是短时间就能看见的,需要青少年长期坚持不懈地进行训练,而且训练负荷也会不断增加,这对青少年的意志品质、精神品质以及其他心理素质都提出了很高的要求。通过长期的体能锻炼,能塑造青少年的意志品质,锻炼其具有良好的心理素质水平。

第二节　青少年体能锻炼的原则与方法

青少年进行体能锻炼需要遵循一定的原则和方法,才能保证锻炼的科学性和合理性,才能真正起到促进青少年身心健康成长的目的。

一、现代体能锻炼的原则

（一）阶段性原则

阶段性原则是指在体能锻炼的过程中,要以青少年的发展阶段为依据,根据青少年在该发展阶段的生长发育特点、发展与衰退的规律等,制定合理的体能锻炼计划。

表 4-2 列举了人体发展的几个阶段以及各个阶段呈现出来的不同特点。

表 4-2　人体的不同发展阶段以及各个阶段的特点 [1]

年　龄	发展阶段	特　点
25 岁之前	生长发育期	体能持续发展,且发展速度比较快
25 ~ 40 岁	成熟期	体能基本停止发展,体能素质较高
40 岁以后	衰退期	体能不再发展,并且逐渐走向衰退

(二)系统性原则

系统性原则是指青少年在参加体能锻炼的过程中,通过体能发展的内在规律对自己的训练过程做出一个科学合理的规划,并且长期不间断地进行训练。

系统性原则主要包括两个方面的具体要求:其一,要对整个体能锻炼的过程进行系统的规划;其二,要对整个体能锻炼的不同阶段的训练内容、训练方式、训练负荷等进行统筹规划。体能锻炼各个阶段中对系统性原则要求最为严格的阶段为青少年时期以及体能达到高水平时期这两个阶段。其中,青少年时期是青少年各项运动素质发展的敏感时期,这个时期遵循系统性训练的原则,根据青少年的运动素质发展状况制定训练计划,有助于充分发掘青少年的运动天赋,为青少年发展更高水平的运动技能提供运动素质基础。

(三)全面性原则

全面性原则是指青少年在发展专项运动技能的基础上,要重视各项运动素质的发展,通过体能锻炼促进身体形态、机能、身体素质和心理素质等运动素质全面发展,为运动技能的发展奠定基础。全面性原则主要通过以下三个方面表现出来。

(1)包括体能在内的运动素质和机体能力是青少年发展运动技能的基础条件,青少年想要促进运动技能的提高,就必须要全面、协调地

① 罗华平.现代体能理论阐析与科学化训练研究[M].北京: 中国书籍出版社,2015: 55.

发展各项运动素质以及机体机能。

（2）人体器官机能之间是相互联系、相互影响的关系,也就是说,一项器官机能水平的提高有助于促进其他器官机能的发展。不同的训练方法和训练内容,能够对身体机能的发展起到不同的促进作用,也会有一定的局限性。因此,为了促进身体机能的全面发展,一定要根据需要发展的运动机能的不同,采取科学、合理的运动方法,在发展单项运动技能的同时促进身体机能的整体发展。

（3）运动素质的发展是相互影响、相互制约的。因此,在运动训练的早期阶段,必须采取各种方式促进运动素质的全面提升。运动素质是发展运动技能的基础条件,只有拥有高水平的运动素质才能发展高水平的运动技能。

（四）个性化原则

个性化原则是指在制定各项训练计划时,要充分考虑青少年个人的具体情况与现实的客观条件,尊重个性化特征,制订具有个性化特点的训练内容、训练时间、训练负荷等。

个性化原则是人们进行体能锻炼的基本原则,只有从个人实际状况出发,制定具有针对性的体能锻炼计划,才能充分发掘每个人的优势,最大限度地促进每个人体能素质的提升,为发展适合个人的技战术、提高个人运动技能奠定基础。在体能锻炼中贯彻个性化原则,需要做到以下几点。

（1）以发展运动技能、提高运动专项成绩为根本目标。

（2）要将青少年的主观需要和客观条件以及专项需要作为依据,对体能锻炼的内容和负荷进行合理的确定和安排。

（3）要促进青少年各项运动素质的全面、协调发展。

（五）自觉积极原则

体能锻炼的过程实际上就是青少年不断克服惰性和困难,一步步适应更高的身体和心理负荷,从而促进自身体能素质提升的过程。这个过程是一个艰难、枯燥、漫长的过程,如果青少年没有坚定的信念和自觉的行为,很容易半途而废。而如果青少年能够认清自己的目标,自觉积极地朝着自己的目标前进,就能够在这个过程中体验到目标实现的成就感,获得良好的训练体验,进而为下一阶段的训练提供动力,从而一直将训练坚持下去。

(六)持之以恒原则

持之以恒原则是指青少年在运动训练的过程中,必须有坚定的意志,长期坚持训练,以不断提升自己的体能素质为根本目标。

体能锻炼是一个长期的过程,训练的成果也是长期积累而来的,只有坚持长期训练才能取得理想的训练成果。此外,体能还具有"用进废退"的特点,如果不能一直坚持训练,现有的训练成果也会不断衰退。

二、现代体能锻炼的方法

(一)完整训练法

完整训练法是指在体能锻炼的整个过程中,始终将技术动作和战术配合完整地结合在一起进行训练的一种训练方法。

完整训练法的适用范围十分广泛,包括单一动作的训练、多元动作的训练、个人成套动作的训练、集体配合动作的训练等。

完整训练法的优势在于,它在训练开始时就已经将技术动作和战术配合结合在了一起,能够锻炼青少年将两者顺畅、协调地结合在一起的能力,从而加深青少年对技术动作与战术配合的完整结构以及各个部分之间的内在联系的认识与掌握。

(二)间歇训练法

间歇训练法是指在机体没有恢复到工作前起始水平时即进行训练的一种严格控制训练间歇时间的训练方法。间歇训练法被广泛运用在运动训练中,也是体能锻炼的主要方法之一。间歇训练法主要包含三种形式,分别是高强性间歇训练法、强化性间歇训练法以及发展性间歇训练法,这三种间歇训练方法根据不同的训练需求被应用在不同的训练情景之中。

体能素质的提升是在运动间歇的过程中实现的,人们通过严格控制间歇时间使机体获得超量恢复。超量恢复是指机体在休息过程中恢复的水平超过运动之前的机体水平。超量恢复是体能素质提升的本质,体能素质是在一次次超量恢复的积累中不断获得提升的。

间歇训练法的优势在于不仅能够起到增强青少年的肌肉力量的作用,还能够增强青少年各内脏器官的功能。因为在体能锻炼的过程中,肌肉能够在间歇中获得休息,但是呼吸系统和循环系统即使在间歇中也依旧维持着较高的工作强度。当间歇结束,继续进行下一次训练时,呼吸系统和循环系统要持续进行工作,也就是对它们提出了更高的要求,所以在合适的运动负荷范围之内,能够增强各内脏器官的功能。

根据不同的训练任务和训练目的,人们应该制订不同的间歇训练方案。比如,想要通过间歇训练法发展持久耐力,制订的间歇训练方案应该为:练习强度较小、练习距离较长、练习次数较多;想要通过间歇训练法发展力量耐力,制订的间歇训练方案应该为:负荷的重量较小、练习的强度在中小水平、练习的次数较多;想要通过间歇训练法发展绝对速度,制订的间歇方案应该为:练习的距离较短、重复的次数较少、练习的强度较大。

此外,在使用间歇训练法的过程中,还应该注意以下几点要求。

(1)间歇训练法中的间歇过程,青少年并不是静止不动的,而是要通过慢走、慢跑以及一些伸展、拉伸动作,使自己处于积极的小幅度运动中。这样做的好处是,青少年的血管能够受到肌肉的按摩,有助于青少年血液的补充和体内废物的排除。

(2)间歇训练法中,间歇时间的确定是重点。首先要保证运动和间歇交替进行,其次要保证青少年的机体完全恢复,即心率恢复到120 ~ 140次 / 分钟时才能继续进行下一次练习。

(3)每次练习的时间不应该过长,要以训练的具体要求来对强度做出选择,强度可小可大,甚至可以大于比赛所需的强度。

(三)重复训练法

重复训练法是指,保持训练负荷和动作结构不变,根据训练目的和训练任务,按照一定的要求进行反复训练,同时在多次反复训练的过程中,安排一定的间歇时间,以保证机体能够充分恢复的一种训练方法。

重复训练法中的三个变量分别是负荷量、负荷强度和间歇时间,改变这三者中的任意一个因素都会影响重复训练法的训练效果。重复训练法的适用范围也非常广,不仅可以用到体能锻炼中,也能够被用于技战术训练,对于增强和巩固青少年的技战术具有重要帮助。

按照练习时间的长短和间歇的方式对重复训练法进行分类,可以将其具体分成以下几种类型。

1. 按练习时间的长短分类

(1)短时间重复训练法

每次训练持续的时间在 30 秒以内,一般被用在速度素质训练、力量素质训练、基本技术或者高难度技术的组合训练中。

(2)中时间重复训练法

每次训练持续的时间在 0.5 ~ 2 分钟,一般被用在整套技术动作训练中。

(3)长时间重复训练法

每次训练持续的时间在 2 ~ 5 分钟。

2. 按间歇的方式进行分类

按照间歇的方式对重复训练法进行分类,可以将其分成连续重复训练法和间歇训练法两种,每种训练方式运用的场景不同,能够达到的训练效果也不相同。

(四)变换训练法

变换训练法是指,在体能锻炼的过程中,有意识地对运动负荷、动作组合以及训练的环境和条件进行改变,从而实现训练目的的训练方法。

1. 变换训练法的种类

(1)内容变换训练法

内容变换训练法是指以训练的内容作为变量的变换训练法。内容变换训练法主要针对的是运动专项,每个运动专项需要掌握的动作、技术、战术等都不相同,应该根据运动专项的要求和运动专项的特点确定训练的内容。

（2）负荷变换训练法

负荷变换训练法是指以训练的负荷作为变量的变换训练法。负荷变换训练法的变换通过训练负荷的量或者负荷的强度表现出来,能够有效促进青少年体能素质、机体水平和运动技能的提升。

（3）形式变换训练法

形式变换训练法是指以训练的形式作为变量的变换训练法。形式变换训练法主要表现为改变训练的形式、训练的时间、训练的环境、训练的场地、训练的路径等。

2. 变换训练法的主要作用

体能锻炼是一个艰苦、枯燥的过程,很容易让青少年感受到乏味。对训练的内容、负荷、形式等进行变换,能够对青少年的大脑皮层产生新的刺激,使青少年从体能锻炼中获得新鲜感,消减体能锻炼的枯燥和无聊。这有助于提升青少年的训练热情和训练积极性,使青少年在体能锻炼中保持良好的心态,更好地坚持体能锻炼。

（五）分解训练法

分解训练法是指在体能锻炼的过程中,按照一定的依据,将整个体能锻炼的过程合理划分成无数个阶段或者部分,然后按照体能发展的规律,按顺序对这些阶段或者部分进行训练,通过各阶段或部分训练目的的实现最终促进整个体能锻炼目的实现的训练方法。

在实践中,人们一般会将体能锻炼分解成有氧训练部分、无氧训练部分,或者力量素质训练部分、耐力素质训练部分、速度素质训练部分等。然后根据不同的训练任务和训练要求,制定有针对性的训练计划,最终实现整个体能锻炼计划的实现。

此外,分解训练法还可以被运用到运动技术、战术的训练中。青少年在运动训练的过程中无法一次性掌握所有的运动技术和战术,这就需要教练按照一定的依据将整个运动专项的技术和战术划分成各个比较简单基础的部分。青少年先对这些基础、单一的技术进行训练,然后再将这些动作结合在一起,进行较大难度的组合动作的练习,最终掌握整个运动专项的技术和战术。分解训练法是运动技、战术训练的主要方法之一,具有理想的训练效果。

（六）连续训练法

连续训练法是指在较长的时间内,以稳定的运动强度、没有间歇地持续进行体能锻炼的训练方法。持续训练法一般被用在青少年的耐力素质训练中,一些运动负荷强度不大、动作技巧又十分细腻的运动技术的训练也能够通过持续训练法获得较好的训练效果。

1. 影响连续训练法持续时间长短的因素

（1）运动专项本身的特点和规律。

（2）青少年的个人情况,包括运动基础水平、运动天赋、参加运动训练时候的状态等。

（3）负荷价值的有效范围。

2. 连续训练法的作用

（1）使机体机能和人的内脏器官在一段持续时间的稳定运动负荷的刺激之下,产生稳定的适应,从而实现运动机能的提升和巩固。

（2）能够增强有氧供能系统的供能能力。

（3）进一步增强有机体的无氧代谢能力。

3. 连续训练法的注意事项

在使用连续训练法的过程中,一定要注意训练强度和练习时间之间的关系。当训练的强度比较大的时候,应该适当缩短训练持续的时间;当训练持续的时间比较长的时候,应该适当地减小运动训练的强度。只有正确处理好运动强度和训练时间之间的关系,才能取得理想的训练效果。

（七）比赛训练法

比赛训练法是指在真实、近似或者模拟的比赛条件之下,严格按照比赛的规则和比赛的方式进行训练的一种训练方法。

比赛训练法是在多种依据的基础上提出来的,如青少年本身的竞争意识和竞争精神、运动能力形成的原理和规律、体育运动的竞赛规则等。按照性质对比赛训练法进行分类,可以将其分成教学比赛训练法、模拟比赛训练法、检查比赛训练法和适应性比赛训练法四种。

比赛训练法的作用主要包含以下几个方面。

（1）有助于营造紧张的氛围,对青少年的大脑皮层产生刺激,提高青少年大脑皮层的兴奋度,从而激发青少年的训练自觉性和训练热情。

（2）有利于加大体能锻炼的强度。

（3）通过接近真实的比赛环境、严格的比赛规则和比赛方式对青少年进行训练,能够让青少年提前感受比赛的氛围,有利于增加青少年对比赛的了解和适应,提升青少年的心理承受能力。

（4）实现体能锻炼与实战紧密相结合,有助于青少年更好地掌握和改进运动技术,提高运动者的运动实战能力。

（八）负重训练法

负重训练法是指在体能锻炼的过程中,利用重物增加身体负荷的重量,从而增强训练的效果,达到增强体质的目的。负重训练法中使用的重物,一般包括沙袋、哑铃、杠铃等。

负重训练法是一种非常实用、简便的训练方法,除了青少年在专业的运动训练中可以使用这种训练方法,普通人也可以通过这种方式来增强体质,一些病人也可以运用这种方式促进身体恢复。

在使用负重训练法时,要十分注意机体承受的负荷的合理性,应该以最大摄氧量和最大心输出量的负荷作为训练负荷,负荷过大会影响心血管系统和呼吸系统的功能。

（九）循环训练法

循环训练法是体能锻炼的重要方法之一。它是指根据训练的具体任务,建立若干练习站或练习点,青少年按规定顺序、路线,依次循环完成每站所规定的练习内容和要求的训练方法。循环训练法是一种综合形式的练习方法,比较生动活泼,能提高青少年的练习情绪和积极性。

在训练刚开始时,先进行一个循环的训练,训练持续 2 ～ 3 周之后,再加入一个循环,按照这种速度持续增加循环的数量。一般同时进行的循环数量在 3 ~ 4 个最合适,最多不能超过 5 个。一个循环中包含的练习数量应该在 6 ~ 14 个,每 2 个练习之间的间歇一般为 45 ~ 60 秒,每 2 个循环之间的间歇为 2 ~ 3 分钟。

循环训练法的作用主要体现在以下几个方面。

（1）增强青少年的肌肉力量,提升青少年的体能素质。

（2）各项训练内容循环进行,能够在一定程度上消除体能锻炼的枯燥感,激发青少年进行体能锻炼的热情和积极性,使青少年处于良好的运动情绪中,有助于取得理想的训练效果。

（3）可因人而异地区别对待和解决负荷量问题,避免运动者过度紧张状况的出现。

第三节　青少年体能锻炼计划设计

一、体能锻炼计划概述

（一）体能锻炼计划的分类

根据不同的分类标准,可以将体能锻炼计划分成不同的类型,其中在实践中应用最为普遍的分类方式是按照体能锻炼的时间跨度进行的分类。按照时间跨度可以将体能锻炼计划分成多年体能锻炼计划、全年体能锻炼计划、阶段体能锻炼计划、周训练计划、课体能锻炼计划五种形式。

不同类型的体能锻炼计划承担着不同的训练任务,其训练方法和手段、训练负荷和节奏、训练活动的组织和实施等方面都存在着相应的差异,分别为各自的训练目的服务。

（二）制定体能锻炼计划的依据

1. 体能锻炼目标

体能锻炼的目标就是全面发展青少年的身体素质,加强其机体的免疫力,提升运动能力,培养丰富的运动兴趣等,以及为他们今后发展体育专项能力奠定良好的身体素质基础。

2. 起始状态

青少年的起始状态是制定体能锻炼计划的现实依据,制定训练计划必须一方面符合青少年的实际体能状况,另一方面要促进青少年的体能在起始状态的基础上不断进步。

3. 体能锻炼的客观依据

体能锻炼的客观依据包括运动锻炼过程的连续性和阶段性、青少年机体对运动负荷的适应性与劣变性、训练活动组织的集群性与个体性、训练过程的多变性与可控性等。必须遵循体能锻炼的客观规律,才能制定出合理的体能锻炼计划,达到理想的训练效果。

4. 组织和实施体能锻炼活动的客观条件

客观条件是制定体能锻炼计划必须要考虑的因素之一,组织和实施体能锻炼活动的客观条件包括训练场地、训练器材、营养条件、恢复条件等,必须在考虑这些客观条件的基础上制定体能锻炼计划,否则可能会导致制定的计划无法开展或者无法达到理想的实施效果。

二、多年体能锻炼计划

（一）多年体能锻炼计划的内容

（1）制定整个训练过程的训练目标、训练计划、训练内容、训练方式、比赛安排等。

（2）制定各个年度的训练目标、训练计划、训练任务等。

（3）对青少年运动技术、运动水平等的分析,对青少年的思想、意志、身体素质以及其他各项生理特点进行的分析。

（4）测定和评价训练水平,制定科学的考核和评价机制。

（二）多年体能锻炼计划的记录

多年体能锻炼计划的记录可以以表格或者文字的方式呈现,尽量多用各种图表、数据来增加记录的简明性和准确性。记录的内容应该包括详细的训练目的、训练任务、训练步骤、训练时间、考核和评价手段等。

三、全年体能锻炼计划

全年体能锻炼计划可分为单周期计划、双周期计划和多周期计划,具体可根据不同青少年自身的情况进行选择和安排。以双周期计划为例,一个大周期的时间为 5 ~ 7 个月,其中包含准备期 2 ~ 3 个月,比赛期 1.5 ~ 2 个月,过渡期 0.5 ~ 1 个月。在准备期内,青少年进行一系列的体能锻炼,促进体能素质的全面提升或者促进体能某一部分薄弱环节的提升。在比赛期内,青少年将会参加一系列的比赛,使其竞技能力通过比赛充分表现出来。在过渡期内,青少年的训练量和训练强度会适当降低,以保证青少年能在此期间进行一定的休整,为下个阶段的训练做准备。在具体的实施中,可分为以下几个部分。

（一）准备期

准备期包含两个阶段,分别是一般准备阶段和专门准备阶段。一般准备阶段是用来发展青少年的各项运动素质以及使青少年基本掌握运动专项的各项技术;专项准备阶段一般是用来发展和提高运动专项所需的运动素质以及运动专项的各项技术、战术。

准备期的整体目标是促进青少年运动素质、心理素质、运动技能等方面的发展,使青少年基本进入竞技状态。

（二）比赛期

比赛期的主要任务是发展专项素质，完善专项技术，提高比赛能力，形成和保持良好的竞技状态。

（三）过渡期

设置过渡期的目的是使青少年从激烈的比赛中抽离出来，进入休整状态，消除因比赛而造成的疲劳，促进机体恢复，为下一阶段的训练做准备。但是，过渡期并不是指青少年在此期间可以完全休息而停止训练，为了维持运动状态、防止运动技能退化，青少年在过渡期内仍旧需要进行训练，只是训练量和训练强度会适量降低。

准备期、比赛期、过渡期构成了一个完整的训练周期，形成了一个不可分割的整体。一个完整的训练周期必须包含这三个部分，只有经过这三个阶段的系统性训练才能取得理想的训练效果。

四、周体能锻炼计划

（一）周训练计划的类型

体能周训练计划一共包含四种类型，分别是基本周训练、赛前诱导周训练、比赛周训练、恢复周训练，基本上包含了准备、比赛和过渡的作用。

（二）周训练计划的任务

1. 基本周训练

基本周训练又可以分成加量周训练和加强度周训练两种，这里的"量"和"强度"针对的是负荷，基本周训练的任务就是通过改变负荷的量或者强度使青少年发生应激适应反应，进而促进青少年的运动素质和运动技能不断提升。

2. 赛前诱导周训练

赛前诱导周训练一般是在比赛前夕进行的,目的是使青少年的机体逐渐适应比赛的要求,保证在比赛时发挥出正常的水平。

3. 比赛周训练

以比赛日当天为第一天,向前推算七天,这一周就是所谓的比赛周训练。比赛周训练的目的是对青少年进行赛前的最后调整,使青少年达到最佳的状态,以适应比赛的要求。

4. 恢复周训练

恢复周训练的目的是使青少年的身体和心理尽快从激烈的比赛环境中走出来,利用多种恢复手段使青少年在较短的时间内恢复到原先的水平。恢复周训练的强度一般都不大,主要作用是尽快实现青少年体内能量物质的再生。

（三）周训练计划的负荷安排

1. 赛前诱导周的负荷安排

赛前诱导周训练的重点在于增加训练的强度,使青少年提前感受比赛氛围,形成比赛状态。注意不能同时增加训练的强度和训练量,可以在原来训练的基础上适当减少训练量,在原本的训练量就不算大的情况下也可以保持训练量的同时增加训练强度。

2. 比赛周的负荷安排

比赛周的整个训练计划都是围绕竞赛进行的,训练的目的是使青少年能够在比赛的时候达到最佳的运动状态。比赛周训练计划的负荷强度和负荷量的组合一般是根据运动专项的特点安排的,通常情况下,比赛周的训练量和训练强度都会有所降低。

3.恢复周的负荷安排

训练量和训练的强度都适当地降低,在平时的训练量就比较小的情况下可以保持原来的训练量。

(四)训练周计划的内容

周计划如果有比赛的话,应主要以比赛为准来安排训练计划。一般而言,赛前诱导周训练的重点在于增加训练的强度,使青少年提前感受比赛氛围,形成比赛状态。训练周包含两个阶段,每个阶段的训练任务不同。在比赛前3～5天进行的一般是强度较大的专项训练,在比赛前1～3天进行的包括一般训练或者专项训练。

恢复周训练的主要内容为一般性的身体练习,训练的强度和训练量都不大,采用更加具有趣味性的游戏性练习方式,目的在于消除由于比赛带给青少年的身心疲劳,促进青少年机体的快速恢复。

五、课体能锻炼计划

(一)课体能锻炼计划的任务和内容

1.综合体能课

综合体能锻炼课的任务和内容具有综合性,如训练和发展力量和耐力素质的组合、训练和发展柔韧和灵活素质的组合等。在制定课训练计划的时候,要注意安排好训练任务的顺序。对于协调能力、灵敏素质等需要在比较充沛的精神状态下完成的训练任务,应该尽量安排在训练的开始时间;对于在疲劳状态下仍然可以进行的训练任务,如耐力素质的训练等,可以将其安排在训练的后半部分。对各项运动素质进行训练时,最为合适的训练顺序应该为柔韧性练习、速度或力量练习、耐力练习。

2.单项体能课

单项体能课是指在一次训练中只集中时间和精力发展青少年的一

项体能能力的训练。常见的单项体能锻炼包括对长跑青少年展开的耐力训练、对跳高青少年展开的跳跃力量训练等。

（二）课体能锻炼计划的基本结构

体能锻炼课由准备部分、基本部分和结束部分三个部分组成。

1. 准备部分

准备部分的任务是通过一定的准备活动唤醒青少年机体的各系统和各器官，使青少年的机体逐渐进入运动状态，做好承担运动负荷的生理和心理准备。准备部分又可以细分成一般性准备活动和专门性准备活动。

（1）准备活动的时间安排

①根据气温情况，气温较低时准备活动的时间应该加长，气温较高时准备活动的时间可以适当缩短。

②根据心理状态，心情比较低落时准备活动应该适当加长，心情比较激昂时准备活动的时间可以适当缩短。

③根据精神状态，刚睡醒精神还未恢复时，准备活动应该适当加长，精神比较充沛时准备活动的时间可以适当缩短。

（2）一般性准备活动的要求

①青少年的体温、肌温升高，毛细血管扩张，肌肉流血量增加。

②增强肌肉中的酶的活性，提高肌肉的收缩能力和代谢能力。

③提高青少年中枢神经系统的兴奋度。

④使青少年的呼吸系统和心血管系统做好运动准备。

⑤使青少年的心理处于适度的应激状态。

（3）专门性准备活动的要求

通过一系列专门性准备活动唤醒青少年的心理和生理，使青少年的机体做好运动准备。

2. 基本部分

基本部分是课体能锻炼计划的主要部分，占课体能锻炼计划总时间的 50%～90%。

（1）单项体能锻炼课的基本部分

单项体能锻炼课具有时间和训练内容都比较集中的特点,一般被用在某项需要较长训练时间的体能素质训练之中,如长跑青少年需要进行的耐力素质训练等。

（2）综合体能锻炼课的基本部分

综合体能锻炼课的训练内容具有多样性的特点,在安排这些训练内容的时候需要注意训练的顺序,一般合理的训练顺序为:柔韧性训练—速度或者力量训练—耐力训练。

（3）课体能锻炼计划基本部分训练示例

以速度素质训练为例,下面为课体能锻炼计划中速度素质训练基本部分的具体内容:

蹲踞式起跑练习,8 次;

30 米跑 ×6 次 ×2 组;

60 米跑 ×6 次 ×2 组;

300 米跑 ×3 次 ×3 组;

200 米跑 ×3 次 ×3 组;

100 米跑 ×3 次 ×3 组;

4000 米跑;

6000 米跑。

3. 结束部分

结束部分的时间通常为 15 分钟,青少年在这个时间内需要进行一些比较轻松愉快的活动,如慢跑、慢走、集体游戏、放松体操等。结束部分的任务是,将青少年在运动过程中产生并积存在体内的乳酸尽快排除,补偿运动时产生的氧债,促进青少年的机体尽快从运动状态中退出。

（三）课体能锻炼计划的实施

1. 训练手段的选择

首先,选择的训练手段一定要满足有效性的需求。训练手段是决定体能锻炼计划的目标能否顺利实现的决定性因素,因此一定要根据运动专项的特点、青少年的运动技能水平、体能运动的发展阶段等,选择合适有效的训练手段。在选择训练手段时,应该特别注意所选训练手段的动力学、解剖学以及生理、生化等方面的特点,以确定该训练手段能和当前的训练相匹配。运用合适的训练手段进行体能锻炼之后,达到的训练效果为:人体的各项生理系统能够适应更高的运动负荷,各部分的肌肉力量得到显著的提升,运动专项需要的力量素质水平突出。

其次,选择的训练手段一定要满足系统性和多样化的要求。系统性是指对青少年实施的各种体能锻炼之间必须具备有机合理的衔接,各种训练手段结合在一起要能够形成一个有机的系统。多样性是指要根据训练想要发展的体能素质内容、水平等方面的差别,选择不同的训练手段,增强训练的针对性,提升训练效果。

2.课训练计划的组织实施

课训练计划的组织实施主要包括三个环节,其一是训练之前的准备,如确定合适的训练场地、训练设施、训练器材,并进行功能和安全性检查等;其二是正式的训练过程,如分组安排、队形队列等;其三是训练结束之后的总结评价,如总结训练情况并记性记录等。

3.课训练计划的恢复措施

恢复措施是运动训练中必不可少的一个部分,对于促进青少年机体的快速恢复、防止青少年产生运动疲劳和运动损伤具有非常重要的意义。因此,教练员在制定课体能锻炼计划时,一定不能忽视恢复措施的内容,而且应该注意恢复措施的时间不应该安排在青少年产生运动疲劳之后,而是要将其常态化,青少年每次训练结束之后都应该安排一定的训练措施,如专业的恢复训练、各种按摩、理疗等,以帮助青少年的生理和心理放松,促进青少年机体的快速恢复。

第四节　青少年不同体能素质的锻炼方法

对青少年体能素质的锻炼主要从力量素质、速度素质、耐力素质、灵敏素质和柔韧素质几个方面开展。

一、力量素质锻炼的基本方法

（一）颈部力量素质的锻炼

颈部肌肉的力量素质对保护颈部,以及在身体进行剧烈运动时发挥灵活的协调能力非常重要。因此,无论从事哪项运动都有必要进行颈部肌肉的力量训练,常见的训练方法如下所述。

1. 头手倒立

头手倒立训练法是最常使用的发展颈部肌肉力量的方式。在练习时,身体靠近墙壁前,缓慢屈臂成头手倒立状。头部起支撑作用,双手保持身体的平衡,双脚轻轻放在墙壁上,尽力坚持较长的时间,以达到锻炼的目的。由于该动作需要一定的技巧,学生在训练时要确保有同伴保护,运动前要做好充分的热身运动,注意运动安全。

2. 背桥练习

背桥是指以脚和头着地支撑身体重量,可以采用仰卧或者俯卧的姿势,稳定后腹部(或者臀部)向上挺起,使整个身体呈现"桥"状。训练前要做好每个关节的热身运动,预防运动扭伤。

（二）肩部力量素质的锻炼

1. 颈前推举

颈前推举可以很好地发展三角肌前束和斜方肌的肌力。训练时可以采用直立姿势或坐姿推举。双手握紧杠铃保持与肩同宽，握杠于锁骨处，手臂垂直向上伸直推起。需要注意的是，学生在训练时要谨慎选择杠铃的重量，必须根据教师的建议进行，过大重量的杠铃也许会造成损伤，重量过轻又不能达到训练效果，因此合理选择杠铃的重量是关键。

2. 颈后推举

颈后推举是发展三角肌后束、冈上肌和肱三头肌肌力的常用方法。训练动作为双手握紧杠铃与肩膀同宽，垂直上举至手臂伸直。训练前注意做好热身，训练后要及时做拉伸运动。

（三）臂部力量素质的锻炼

臂部力量素质的训练可以帮助学生塑造强壮有力的前臂肌群，还可以提高握力、支撑力和塑造漂亮的手臂线条。因此，越来越多的女生对臂部力量素质的训练格外重视，常见的训练方式如下所述。

1. 俯卧撑

俯卧撑是非常重要也是非常实用的手臂力量训练方法，它可以很好地发展肱三头肌、三角肌、背阔肌等肌肉的力量素质。训练方法为俯卧于瑜伽垫上或者地板上，两臂伸直支撑上半身重量，双腿伸直，双脚支撑地面，然后屈臂，使胸部尽量贴近地面，然后快速推起两臂伸直，连续做 10 ~ 15 次。

2. 坐姿弯举

坐姿弯举训练中，要求青少年坐在长凳上，一手握哑铃，另一手掌置于对侧的膝关节上，握哑铃的手臂上臂固定，慢速屈肘至胸前，然后再慢慢恢复至准备姿势，反复练习，直至手臂感到酸痛，一般练习 20 ~ 30 次为一组，根据自身情况，控制练习的组数。

（四）腿部力量素质的锻炼

1. 纵　跳

纵跳是用于发展伸膝和屈足肌群的力量及弹跳力的主要方式。训练时学生一般会被要求穿上沙背心，带上沙护腿。以半蹲姿势起跳，同时两臂上摆，腿充分蹬伸，注意头保持向上顶，重复动作进行练习。练习时可以悬挂出高度线，让学生每次努力去接近高度线以提升训练效果。需要注意的是，负重适宜，否则适得其反。

2. 蛙　跳

蛙跳也是常用于提高下肢爆发力及协调能力的训练方法。根据青少年的年龄和身体基础情况，可以选择穿戴沙背心、沙护腿进行练习，也可以不负重练习。开始训练时身体以全蹲姿势准备，然后两脚蹬地，腿蹬直向前上方跳起，腾空后挺胸收腹，快速屈腿前摆，以双脚掌落地后不停顿地连续做 6 ~ 10 次。注意尽量快速起跳，并且身体充分伸展，可逐渐增加远度要求。

（五）臀部力量素质的锻炼

1. 负重弓步

负重弓步的主要目的是发展臀部肌群的力量。双腿弓步站立，双臂自然下垂，根据学生的自身情况选择恰当的负重进行练习。弓步向前移动，弓步腿大腿与地面平行，另一条腿尽量伸直，重复动作进行练习。

2. 侧卧侧抬腿

侧卧侧抬腿是发展臀部肌肉群力量的常用训练方法。练习时，让青少年以侧卧姿势躺在瑜伽垫上，双腿并拢，屈膝，使大腿与躯干呈 90°，然后慢慢向上抬起外侧腿至最大幅度，再缓缓落下，注意不要借用惯性。重复练习 30 次为一组，做 3 ~ 5 组。练习过程中注意双腿始终保持伸直。

二、速度素质锻炼的基本方法

（一）反应速度的锻炼

1. 两人拍击

两人拍击是发展反应动作速度和上体动作灵活性的训练方法。两人相对而立，听到教师的口令后设法拍击对方的背部，同时极力避免被对方拍到自己。该练习可以很好地提高学生的反应速度。

2. 老鹰抓小鸡

老鹰抓小鸡是大家非常熟悉的、经常用于发展低龄儿童或者小学生的反应动作速度和下肢动作灵活性的游戏。游戏规则简单，但是效果很好，能够让学生在娱乐中得到锻炼，是很好的寓教于乐的体育训练方式。需要注意的是，扮演"老母鸡"的同学在转身时要有意识地为身后的同学留出回转的余地，而不能仅仅考虑用自己的身体遮挡住"小鸡"。"老鹰"必须动作灵敏，能够出其不意地调转方向，有意识地诱导队尾的"小鸡"就范，从而赢得游戏。

3. 反应起跳

训练时让学生围圈面向圈内站立，圈内1～2人，站在圆心附近手持小竹竿，竿长要能超过圈的半径。游戏开始持竿的学生将竹竿绕过站圈人脚下画圆，竹竿经过脚下时学生立即起跳，保证不被竹竿碰着脚，否则为失败。

4. 贴人游戏

贴人游戏是发展反应动作速度和灵敏性的练习方法。练习时所有学生面向圈内站立围成一个圆圈，左右间隔2米。选择两人在圈外沿圈跑动追逐，被追的学生可随机选择一人贴近，被贴的学生则成为新的被追逐者开始逃跑，直到有人被抓住重新开始游戏。

5. 起动追拍

起动追拍是发展反应动作速度和灵敏性的游戏之一。两名学生一组,前后相距 2 ~ 3 米慢跑,听到信号开始追逐并设法拍到另一名同学的背部。游戏设置 30 秒内追逐成功才算有效。

6. 追逐游戏

追逐游戏也是发展反应动作速度和灵敏性常见游戏之一。游戏开始时两组学生相距 2 米面向站立,事先规定单数队和双数队。教师随意喊出双数或者单数的口令,然后按照事前规定,一队跑一队追。在 15 ~ 20 米距离内追上为胜,追不上为败。

（二）移动速度的锻炼

1. 跑步动作平衡

通过练习提高踝关节肌肉群的紧张度和稳定支撑能力。单腿支撑姿势,左脚用脚掌支撑,肘关节弯曲约 90°。左手在肩部高度,右手在髋部高度,右腿高抬,右脚踝靠近臀部。

2. 跑步姿势交换腿高跳

通过训练可发展跑动中的腿部的爆发力。练习时从慢跑开始,用跑的身体姿势进行高跳,另一只脚落地。练习时尽量高抬膝,往高处跳。

三、耐力素质锻炼的基本方法

（一）有氧耐力锻炼方法

1. 变速跑

变速跑是指通过快跑段、慢跑段的交替进行达到训练的目的。跑步的距离根据专项任务与要求决定。

2. 定时走

以稍快的速度完成走路，一般走 30 分钟左右。

3. 定时跑

根据学生的基本条件选择进行 10 分钟、20 分钟或更长时间的定时跑。

4. 定时定距跑

规定跑步时间和跑步距离的一种训练方式。比如，要求学生在 14 ~ 20 分钟内跑 3600 ~ 4600 米。

5. 重复跑

重复跑是指在一定的距离、次数与强度要求下，进行重复性训练。

（二）无氧耐力锻炼方法

1. 连续跳箱运动

准备木箱若干，并以相隔 1 米的距离排成一列，可以是曲线，也可以是直线，开始练习后，要求青少年在 1 分钟内无间歇地跳上再跳下每个跳箱，每组 60 ~ 80 米，重复 6 ~ 8 次，间歇 2 ~ 3 分钟。强度为 80%。

2. 高抬腿跑转加速跑

以自己的最快速度做行进间高抬腿跑 30 米，然后在教师或者同伴的口令下转而做加速跑 100 米。重复 5 ~ 8 次，间歇 2 ~ 4 分钟。强度为 80% ~ 90%。

（三）混合耐力锻炼方法

1. 间歇快跑

以接近 100% 强度跑完 100 米后，接着慢跑 1 分钟，间歇练习。快慢方式对照组成一组。反复训练 10 ~ 30 组。

2. 短距离重复跑

进行 300 ~ 600 米距离的重复跑练习,练习强度保持在 80% ~ 90%。青少年在锻炼时要注意合理控制间歇时间,可以根据自身的水平选择速度分配计划。

第五节　青少年趣味体能锻炼方法

对于青少年群体来说,如果仅有单调乏味的训练那么很快就会消磨掉他们的兴趣,因此,必须结合一些趣味游戏进行锻炼才会获得较好的效果。

一、青少年力量素质的趣味锻炼

(一)水鸭上岸

1. 游戏目的

增强下肢力量。

2. 游戏准备

平坦场地上前后依次摆放 4 根标志杆(间隔 10 米左右)。

3. 游戏方法

将所有练习者均分为两组,分别在起始线后排成一列纵队。

游戏开始,两组排头从起点开始依次用小鸭步走、马步走、小步纵跳、跑步四种方式通过标志杆到达终点。前一人到达终点后,下一人按同样的方法到达终点,直至两组练习者全部都到达终点,游戏结束,用时最少的一组获胜。

4. 游戏规则

不同路段的前进方式要求如下所述。
起点到第一个标志杆：鸭步走；
第一、二根标志杆之间：马步行走；
第二、三根标志杆之间：纵跳方式（步子小）；
第四根标志杆到终点之间：小步跑。

（二）地滚铅球

1. 游戏目的

增强手臂力量。

2. 游戏准备

在平坦场地上画一个直径大于 15 米的圆圈，准备若干铅球。

3. 游戏方法

将所有练习者分为两组，各自在起点线后排成一列纵队，每人持一球。在场地中间不规则地摆放几个铅球。

游戏开始，两组排头将手中的铅球掷出，尽量将场地上的铅球击出终点线，掷出球后跑到本队队尾，后面的练习者依次击球。2 分钟内击出终点线的球多的一组获胜。

4. 游戏规则

（1）必须用地滚球的形式击球出线。
（2）不得相互干扰。

（三）传传前进

1. 游戏目的

发展腰腹肌力量。

2. 游戏准备

1块平坦场地,沙包。

3. 游戏方法

将所有练习者分为两组,各自在起点线后站成一列纵队,排头将沙包夹在两脚间,做好准备。

游戏开始,两组排头同时用腰腹部发力掷出脚间的沙包,然后跑向沙包的落点处,再次夹沙包掷出,直到将沙包掷出终点线,然后捡起沙包抛给本队第二人,第二人按同样的方法掷沙包,直到两组所有人都将沙包掷出终点线,用时少的一组获胜。

4. 游戏规则

(1)只能用双脚夹沙包掷出。

(2)沙包到达终点线外后,只能双手或单手从空中抛给队友,不得手拿沙包跑回去。

(3)两组练习者不能干扰对方。

二、青少年速度素质的趣味锻炼

(一)拉轮胎跑

1. 游戏目的

发展力量、移动速度和耐力等身体素质,培养坚强的意志品质和集体主义精神。

2. 游戏准备

两条30米跑道,两个轮胎(带拉绳)。

3. 游戏方法

将所有练习者均分为两队,各自在跑道的起点线后排成一列纵队,排头一手抓着轮胎绳置于肩上,做好准备。

游戏开始,两组排头同时起动拉着轮胎向前跑,到达终点线后再拉着轮胎跑回队伍,轮胎过起始线后,第二人接过轮胎绳子按同样的方法进行游戏,直至两组所有人都完成练习,游戏结束。用时少的一组获胜。

4. 游戏规则

(1)不得抢跑。

(2)轮胎全部过终点线后才能转身返回起始线,否则返回重新开始。

(3)返回时轮胎全部过起跑线后才能交给下一人,否则回到终点线重新返回。

(4)两组练习者不得相互干扰。

(二)人群中穿梭

1. 游戏目的

提升快速奔跑能力、身体灵巧性以及控球能力。

2. 游戏准备

标准篮球场,若干篮球。

3. 游戏方法

多名练习者间隔一定距离,各持一球在球场上做好运球准备。

游戏开始,所有人在场地内运球穿梭,迎面遇到其他练习者时采用转身、变向运球、胯下运球、背后运球等方式躲闪,若在运球穿梭或躲闪时没有控好球,则自觉跑到场地外做 15 个俯卧撑。

4. 游戏规则

(1)只能在场地内运球穿梭。

(2)只能在移动中运球,不得原地运球。

(3)不得故意妨碍他人。

（三）警匪大战

1.游戏目的

锻炼反应速度，提升快跑能力。

2.游戏准备

平坦场地。

3.游戏方法

画两条平行线，间隔 3 米，分别为警察和匪徒的活动区域。两条平行线各自间隔 20 米远处再画两条线，作为安全线。准备显眼的警察标志牌和匪徒标志牌。

将练习者分为人数相同的两队，一队为警察队，另一队为匪徒队，两队能力均衡，两队各自在自己的平行线外侧按两臂间隔排成横队，两队人员面对面。

游戏开始，所有人都呈站立式起跑姿势，指导员手中拿着警察标志牌和匪徒标志牌随意变化，然后突然将某个牌子高高举起，标志牌所示的一队快速向后转身逃跑，另一队也迅速转身追赶，在 20 米之内追到则有效，成功追到后被追方背着追方回到起点。

4.游戏规则

（1）指导员高举牌子后，相应队伍的选手才能启动转身跑，不得抢跑，否则给予惩罚。

（2）被追者跑过安全线后，追者停止继续追，并将被追者背回起点。

三、青少年耐力素质的趣味锻炼

（一）守卫家园

1.游戏目的

提升有氧耐力和反应速度。

2. 游戏准备

平坦场地。

3. 游戏方法

所有练习者手拉手围成一个圆形并正对圆心。指导员站在圆圈外，并安排两名练习者一人在圈内，一人在圈外。

游戏开始，圈外的练习者绕着圆圈队形跑动，试图进入圈内，圈内的练习者在圆圈中跑动防守，阻止其进入。若圈外练习者成功进入圈内，则与圈内人互换角色，继续游戏，此时的圈外练习者如果成功进入圈内，则与圈内练习者都回到圆形队伍中，再换另外两名练习者继续游戏。直到所有练习者都完成比赛。

4. 游戏规则

（1）圈外练习者只能沿圆圈队形跑动。
（2）圈内练习者只能在圆圈内防守，不得出圈。
（3）使所有练习者都体验一次圈外跑、圈内阻拦的角色。

（二）螃蟹横走①

1. 游戏目的

发展大负荷运动耐力，提升意志力。

2. 游戏准备

平坦场地。

3. 游戏方法

所有练习者在起点线后排成两列纵队。

游戏开始，两队排头同时屈膝下蹲，两臂在体侧平展，背靠背侧对终点统一向前走。到达终点后，两人左右互换位置，统一返回起点，与下两

---

① 张军，韩娟，章翔.中小学体育游戏课程设置应用探究[J].武术研究，2023，8（06）：144-145.

位击掌,下两位练习者按同样的方法游戏,直至所有人都返回起点。

4. 游戏规则

（1）指导员发出开始口令后,才能屈膝下蹲向前走。
（2）两人在行进过程中始终保持背靠背姿势。
（3）同行的两人必须步调一致。

（三）相持对战

1. 游戏目的

提升上肢力量耐力。

2. 游戏准备

平坦场地。

3. 游戏方法

将所有练习者分为两队,面对面站成两排,前后相距1米。

游戏开始,正面相对的两人同时将手臂向前伸展,手掌相对,一侧腿屈膝成弓步,二人用手掌互推对方,直至将一方推出指定区域。被推出者背着胜利者返回原位。

4. 游戏规则

（1）双方僵持时任一方都不能躲闪。
（2）比赛过程中双方不能松开手掌。

（四）跳跳鼠

1. 游戏目的

提升下肢肌肉耐力和跳跃能力。

2. 游戏准备

平坦场地,起始线和终点线中间区域间隔摆放若干标志杆。

3. 游戏方法

将所有练习者分为两队,在起跑线后背靠背站两横排,两队站位均与起跑线平行。从最右侧开始,两人手臂互挽,屈膝下蹲,指导员在二人背部中间放一个排球。

游戏开始,两人配合向前跳,遇到标志杆时绕过,最终到达终点线,然后再返回,同样绕过途中标志杆。回到起点后将球交给下一组练习者,按同样的方法游戏,直至所有人都完成任务。

4. 游戏规则

(1)两人必须配合完成游戏。

(2)若球在中途掉落,原地捡起,放好后再继续。

(3)返回时,之前在后面的练习者在前面跳,之前在前面的练习者在后面跳。

(五)你跳我跟

1. 游戏目的

发展跳跃耐力。

2. 游戏准备

平坦场地,若干跳绳。

3. 游戏方法

将所有练习者分为甲、乙两队,在起点线后呈面对面平行站位,两队之间间隔30米。

游戏开始,甲队第一人原地双脚跳绳,累计连续跳绳的次数。跳绳中断后,快速跑向乙队将跳绳交给第一人,乙队第一人接绳后原地双脚跳绳,跳绳次数和甲队第一人相同。跳够次数后将跳绳交给本队第二人,第二人双脚跳绳至中断后,交给甲队第二人跳与其同样的次数,以此类推,直至所有人都跳完。

4.游戏规则

(1)每队每人只能跳一次,中断后立即将跳绳交给他人。

(2)跳绳方式只能采用原地双脚跳,采用其他跳绳方式的跳绳次数不计入总次数。

(六)单足跳追捕[1]

1.游戏目的

发展弹跳力和耐力。

2.游戏准备

平坦场地,秒表。

3.游戏方法

画一个很大的圈作为游戏区域,练习者中有两人为追捕者,其他人为被追捕者。所有人在圆圈内分散开。

游戏开始,追捕者单脚跳追捕他人,用手碰到被追捕者的任何部位都算追捕成功,被追捕到的人与追捕者互换角色。游戏时间 10 分钟。

4.游戏规则

(1)追捕者只能用单脚跳的方式在圆圈内追捕他人,在追到他人时抬起的脚不能着地,两脚可交替跳。

(2)被追捕者不能踩圆圈弧线。

① 荣慧珠.学前儿童体育教育[M].西安:西北大学出版社,2017:120-121.

第五章

不同青少年群体的运动锻炼指导

　　在青少年群体中,一些人由于先天或者后天的原因,他们或者是过度肥胖,或者是过分瘦弱,或者体态不良,或者发育障碍。因此,本章将针对这群特殊青少年群体,给出一些实用的运动锻炼指导。

第一节 体质瘦弱青少年的运动锻炼指导

身体过于瘦弱对健康是十分不利的,因为人体脂肪的比例太低会影响身体各方面的机能水平,制约神经系统、消化系统、心血管系统等功能的发挥,而且身体抵抗力差,容易受到病菌侵袭,引发疾病,危害健康。

对于正处于发育期的青少年而言,过于瘦弱的青少年一般都会挑食、营养不良、免疫力低下以及容易生病,如果能够加强体育锻炼,进行合理的运动干预,那么可以较好地改善体质瘦弱青少年的身体状况,促进其增加体重,变得更加强壮、健康。

对于身体瘦弱的青少年,常常采用的运动干预有增强肌肉力量的练习、跳高练习等一些基础的运动。

一、运动增肌

青少年在进行体育锻炼时,需要在教师的指引下进行,教师要提前安排好场地,准备好运动器械或辅助教材,在锻炼的过程中,要密切观察青少年的动作是否准确到位,有错误要及时纠正。另外,增肌运动需要克服很多阻力,因此教师还要加强对青少年的情绪和心理的督导,努力调动青少年的运动积极性,并保障运动的安全。

（一）锻炼原则

在运动锻炼中,对身体各机能系统予以刺激,再加上科学的膳食营养,不断提高身体机能适应能力,增加肌肉比例和改善肌肉质量,从而为人体运动提供更好的动力源,以达到良好的增加体重和改善体型的效果。通过运动来增加肌肉比例的锻炼原则如下所述。

1. 速战速决

通过运动锻炼增加肌肉比例时，不能对肌肉造成过度的消耗，而要对其予以合理的刺激，在刺激肌肉时要节约体力，减少消耗量，所以在肌肉锻炼中讲究速战速决。

2. 费力省功

在肌肉力量锻炼中以器械练习为主，选择中等重量和大重量的器械，练习次数从少次数到中等次数逐渐增加，从而对肌肉造成有效刺激，同时节约能量消耗，对肌肉组织生长起到良好的促进作用。

3. 配合饮食

运动是增肌的良好方式，同时要配合合理饮食来增加肌肉比例，运动与饮食相结合，能够达到更好的增肌效果。增肌者在饮食方面要注意以下两个要点。

第一，补充足够的蛋白质，为身体生长提供良好的能量源泉，保证这类营养素的供应，以修补身体缺陷。

第二，通过饮食补充能量，而且一天中消耗的能量要比摄入的能量少，确保体内有充足的能量来促进身体生长。需要注意的是，补充能量主要是为了增加体重，所以要控制对脂肪的摄入，不能通过大量补充脂肪类食物来补充热量。

（二）练习方法

1. 站姿前平举哑铃

练习前，教师帮助青少年选择合适重量的哑铃，然后列队站好，听教师的口令进行练习：两脚开立，双手各握一只哑铃，吸气，直臂向前举起哑铃，注意双臂要保持伸直，向前平举至手臂与肩在同一水平线上，稍停 3 秒钟，然后呼气，慢慢放下回到初始位置，重复 5 次，做 3 组练习。需要注意的是，手臂前平举和放下时，用力要平缓，不能过快，也不能过慢。

2.颈后臂屈伸举哑铃

练习时,青少年保持站姿,上身挺直,目视前方,单手握一只哑铃并上举使手臂垂直于地面,上臂紧贴同侧的耳朵。听到教师的口令后,保持上臂不动,吸气,屈肘缓缓落在头的后方,至最低处,停留3秒钟,呼气,再缓缓举起,同样停留3秒钟。重复10次,做3组。

二、跳　高

（一）锻炼原则

对于体质瘦弱的青少年而言,他们应该发挥自身体重较轻的优势,努力提高身体的核心肌群,以及腿部和臂部的大肌群的发展,从而增强体质,使身体更加强壮。在训练的过程中,要注意遵循循序渐进与安全性原则,由于体质瘦弱青少年本身的肌肉组织不够发达,力量素质也较弱,因此不要急于求成,而是从适合自己的高度开始练习,随着自身力量素质和跳跃技巧的不断提高,再慢慢增加锻炼的难度。

（二）练习方法

1.助跑训练

跳高运动是十分适合青少年进行的体育锻炼。青少年身体柔软、灵活,而且自重很轻,非常适合进行跳高运动。在跳高训练中,首先是学习如何助跑,以及快速助跑的节奏训练。起跳时注意腰腹部与腿的动作配合等。总之,助跑要加强练习摆臂、摆腿和腾空跳起的动作训练。

2.起跳过杆训练

（1）过杆训练

首先从较低的高度开始练习,如将杆的高度设定在腰臀部分,先练习体会起跳的技术动作。练习时背对海绵包,体会挺髋、展体、过杆等动作的发力过程和特点,然后逐渐升高高度,增加难度,并不断规范动作。

(2)助跑过杆训练

练习助跑的技术动作,同时采用助跑摸高、助跑跳上高架等方法进行适当的练习,不断完善跳高技术。

第二节　超重肥胖青少年的运动锻炼指导

肥胖者在现代社会是很常见的一类群体,而且肥胖者数量庞大,也有不断增加的趋势。近年来,肥胖问题在青少年群体中也较为常见,由于营养过剩,又缺乏一定的日常锻炼,因此在我国的大部分地区都出现了"小胖墩",然而,过度肥胖会严重影响青少年身体机能的发育,不仅会增加心肺系统的负担,而且还会影响循环系统、消化系统、代谢系统的正常运转,而且,过于肥胖还将影响青少年运动功能的发展,长期下来对青少年的智力发展也造成负面影响。因此,应尽早对肥胖青少年进行运动干预,让他们早日恢复至正常体重,这样才有利于他们身心的成长。

一、步　行

步行是最简单易行、最具有普遍适用性的一种减肥方式,它和散步不同,对步幅、速度和距离有比较严格的要求。下面对步行减肥的方法进行具体分析。

(1)步行时,上体稍向前倾,两臂前后摆动,自然呼吸,步幅比散步时的步幅大,集中注意力大步向前走,逐渐加快速度。

(2)步行速度平均每分钟 133 米,运动强度以最大心率的 70% 为宜,一次至少连续行走 45 分钟。

(3)步行速度分为 4 种情况。见表 5-1。

(4)每天坚持步行锻炼,穿舒适的鞋子,衣服薄厚适宜,吸汗性强,

第五章　不同青少年群体的运动锻炼指导

坚持循序渐进、持之以恒的原则。

（5）步行锻炼后做放松活动，减轻肌肉疲劳。

表 5-1　步行减肥的几种方式[①]

4 种步行速度	每小时路程 （千米 / 小时）	每分钟步数 （步数 / 分钟）	适宜人群
很慢	2.5 ~ 3 千米	60 ~ 70 步	重度肥胖者
慢速	3.1 ~ 4.0 千米	70 ~ 90 步	中度 / 重度肥胖者
中速	4.1 ~ 5.6 千米	90 ~ 120 步	中度肥胖者
快速	5.7 ~ 6.4 千米	121 ~ 140 步	轻度肥胖者

二、木棒减肥操

（一）练习方法

（1）坐姿，手持木棒，双手前伸。先抬起木棒一头，再抬起另一头。

（2）站立，双脚分开，双手握木棒下垂于身前。身体平稳向右旋大约 90°，左脚脚尖踮起，同时将木棒传到身后。

（3）屈膝半蹲，将木棒放在胸前，直膝站起，同时举起木棒。再屈膝下蹲，将木棒放在肩上。重复多次，速度逐渐加快，下蹲深度逐渐加大。

（4）坐在地上，屈膝。将木棒放在臀部下面。双腿向前上方伸直，同时身体后仰至最大程度。

（5）站立，两脚分开，将木棒放在肩上。身体向右倾 2 次，第 2 次比第 1 次略低。膝盖稍屈，身体向左后仰 2 次，肩伸展，身体慢慢伸直。

（6）俯卧，双手握木棒向前伸，屈肘，上身抬起，头向下看，脚不离地。

（7）站立，双脚分开，手持木棒置于身前，两腿肌肉保持适度紧张，持续片刻，注意不要屈膝。

（8）仰卧，屈膝，双手握木棒置于胸前。臀部抬起、放下，与此同时手臂向上伸直、放下。反复进行，速度逐渐加快。

---

① 朱小烽.儿童青少年体适能评定与健康促进[M].成都：西南交通大学出版社，2020：77.

（9）站立，双脚分开，木棒放在肩上。右腿屈膝，上体向前倾，使右侧胸部触碰右腿。左右交替。

木棒减肥操是一套完整的减肥操，建议每周练习 3 次，每次 30 分钟，每节动作重复的次数需根据实际情况确定，以身体稍感疲劳为宜。

（二）注意事项

青少年在练习木棒减肥操的过程中，应注意以下几点。

（1）要注意保持运动的安全，彼此之间应留有足够宽敞的空间，避免木棒滑落而造成误伤。

（2）肥胖青少年的心肺负担较重，因此，在练习时教师应密切关注青少年的表现和精神状态，如果出现心慌、气短，应立即休息。

第三节　体态不良青少年的运动锻炼指导

青少年在发育的过程中，可能会出现一些体态不良的问题，有些是先天的遗传因素造成，有些是因为后天的不良习惯或者营养不良等原因导致。然而，体态不良不仅影响青少年的外形、气质和自信心，而且对身体发育也存在明显的隐患，因此，一旦发现青少年有体态不良的现象，要及时就医诊断，并采取相应的锻炼手段进行纠正。

一、肩部缺陷的运动锻炼

（一）一肩高一肩低

1. 两臂侧平举哑铃

练习时，要求青少年站立姿势，保持身体正直，双脚开立与肩同宽，上体挺直。双手各握一支哑铃,自然置于体侧。吸气,两臂缓缓侧平举,至与肩同高,且要保证两肩在一条平行直线上,停留 3 秒钟,然后呼气,还原,重复 10 次,做 3 组。

2. 双杠屈伸

选择与青少年身高相适宜的双杠进行练习,高度以青少年能够自行双臂支撑为宜。在教师的指导下,让青少年做上下屈伸练习,重复 3 ~ 5 次,反复练习。练习时要保证每次的动作要准确,防止摆动屈伸。

3. 提低侧肩

在日常生活中,随时可以进行提肩练习。具体的方法为收腹挺胸,然后做匀速地提低侧肩的练习,每组做 10 次,做 3 ~ 5 组。

(二)溜 肩

1. 屈臂提肘举哑铃

练习时要求青少年站姿准备,双手提哑铃于体侧,吸气,屈臂提肘至与地面平行,保持 2 ~ 3 秒,呼气还原。每天可以多次练习。

2. 侧平举举哑铃

练习时要求青少年站立姿势做准备,双脚开立并与肩同宽,双手各握一只哑铃自然置于体侧。吸气,两臂向两侧举起至与地面平行,保持 3 ~ 4 秒,呼气还原,每组重复 10 次,做 5 组。

3. 推板车

推板车练习最好以集体比赛的形式进行,练习时两人一组,一人以俯卧式双手掌撑地,同伴将练习青少年的两腿抱住置于体侧。练习的青少年以双手撑地向前爬行,在教师的指导下,展开比赛,最先到达终点的一组获胜。通过多次进行,加强青少年对肩部肌肉的练习,能够有效纠正溜肩的不良体态。练习时注意臀部不要晃动,手臂伸直,不能塌腰。

二、背部缺陷的运动锻炼

（一）驼　背

一些青少年由于长期坐姿不良，或者作业负担重，一直伏案写作业，会导致出现驼背的体态，此时可进行一些相应的体育锻炼以纠正体态。

1. 挺胸运动

仰卧，用枕部和两肘支撑，吸气，同时挺起胸部，呼气，恢复原状。重复 8 ~ 10 组。

2. 抬头运动

俯卧，两手置体侧，吸气，抬起头部及肩部，双肩用力向后侧拉，维持 10 秒钟，呼气并恢复原状。重复 8 ~ 10 组。

3. 反式两头举

让青少年俯卧，双臂向头顶方向伸直，听到教师的口令后，吸气，同时抬起头部、胸部，同时两臂伸直向后举起，双腿伸直，双脚绷紧并尽量上抬，在最高处停留 3 ~ 5 秒，呼气的同时恢复原状。重复 8 ~ 10 组。

（二）脊柱侧弯

1. 仰卧挺胸

挺胸，同时抬起肩部，吸气，放下时呼气。

2. 仰卧举腿

右腿伸直抬高 60° 左右，呼气，放下时吸气。

3. 仰卧弓身

抬起腰部和臀部，吸气，放下时呼气。

三、四肢缺陷的运动锻炼

(一)一臂粗一臂细

1. 单臂仰卧侧屈举哑铃

练习时让青少年仰卧在垫子上,使用细小的手臂做单臂侧屈负重练习,所选择的哑铃需在教师指导下,切勿选择重量过重的哑铃,以免拉伤肌肉。一组6个,做3组。

2. 单臂哑铃侧平举

练习的青少年自然站立,双脚略比肩宽,用细小的手臂持哑铃做单臂侧平举练习,一组6个,做3组。

3. 橡皮筋单手直臂下拉

青少年两腿开立,用细小的手臂握住一端固定好的橡皮筋,然后用力做直臂下拉练习,一组6次,做3组。

(二)O型腿

1. 直立双膝内夹

让青少年自然站立,两膝先努力并紧,再放松还原,反复进行。也可以用双膝夹住一个薄的靠背、帽子等较轻软的物体并保持4~5秒,反复练习。每10个为一组,每日完成10组。

2. 半蹲内压膝关节

双脚开立,上体前屈,两手扶膝关节外侧,屈膝半蹲,两手向内侧用力推压膝,使两膝尽可能内扣,然后放开膝关节,还原,反复练习。

3. 内外八字行走

让练习青少年自然站立,脚尖不动,分别向外侧转动,呈内八字状,然后再变成外八字状,重复数次。

(三)X型腿

1. 盘坐下压双膝

让青少年盘腿坐在垫子上,两脚掌相对,然后双手扶膝用力向下压,并保持脚掌始终不分开,保持 4 ~ 5 秒,还原,再次下压。注意用力要逐渐加力,不用猛地用力。每组下压 10 次,每日 5 组。

2. 夹物后伸

让青少年坐在椅子上,两臂向后支撑,用两踝夹紧一软物,如帽子、手套之类轻便的物品,然后使脚跟触地,逐渐伸直双腿,并在伸直状态保持 4 ~ 5 秒,还原,再次练习。10 次为一组,每日完成 5 组练习。

3. 橡皮圈双腿外拉

让青少年端坐在椅子上,两臂向后支撑,脚踝上套橡皮圈,伸腿向上抬起,两脚分别向左右方向用力分开,在最大力度时保持 4 ~ 5 秒,还原,再次练习。10 次为一组,每日完成 5 组练习。

(四)扁平足

1. 走路练习

选择在平整的路面,让练习青少年双手各持一支哑铃,进行用足尖、足跟着地的走步练习。

2. 足尖跳绳练习

选择合适的跳绳,然后踮起脚尖做跳绳练习。开始练习时每天完成 100 次跳绳,可分组完成。随着练习的深入,逐渐增加跳绳的次数。

第四节　发育障碍青少年的运动锻炼指导

一、听力障碍青少年的运动锻炼指导

（一）翻麻花接力

1. 游戏目的

发展听力障碍青少年的速度素质，通过游戏，激发青少年快速奔跑，从而提高青少年的奔跑能力。

2. 游戏准备

在宽敞的操场或体育场进行游戏，教师提前在场地画 3 条间距 10 米的平行线，分别作为起跑线、中线和终点线。

3. 游戏方法

该游戏适合集体进行。教师将青少年分成人数相等的两组，然后讲授游戏规则，即教师以小旗子为发号指令的唯一标志，在游戏开始前，每队选派两名青少年，分别站在自己队的中线和终点线上准备。其他青少年一路纵队站在起点线后，为接下来的接力跑做好准备。教师发出信号后，比赛开始，两排头跑到中线与同伴双手勾握，两人转体翻身两次后，交换角色，即领跑的青少年站在中线上，另一名青少年接力继续跑下一程，同样地，接力跑的青少年快速跑到终点线，与终点线上的同伴做旋转翻身动作后，交换角色，原站在终线上的青少年跑回起点，与新的排头人击掌后，排至队尾。依此类推，直到所有的青少年都完成了接力跑，最先完成的一队获胜。

（二）跳绳接力

1. 游戏目的

发展听力障碍青少年的奔跑能力和配合能力。

2. 游戏准备

在空旷的操场或体育场进行,教师提前在场地画 3 条间距 8 米的平行线,并准备 4 根跳绳,将其中 2 根摆放在中线上。

3. 游戏方法

教师将青少年分成人数相等的两组。每队选出 1 名青少年站在本方的终点线上,并手持 1 根跳绳为游戏的开始做好准备,其他青少年成两条纵队站在各自起跑线的后方。教师发出信号后,两组排头跑到中线处,单脚跳绳 10 次,将绳子放回原位跑到对面端线,与同伴做双人跳绳 5 次后接替原来人的任务。完成后,两人交换角色,一名青少年站在终点线,另一青少年跑回起点与站在本队列的第二人击掌后,排至队尾。第二人接力完成和之前一样的动作,直到全队的青少年都完成一次动作结束,两组中最先完成的为获胜方。

（三）脱圈滚翻接力

1. 游戏目的

发展听力障碍青少年的奔跑能力和团队精神。

2. 游戏准备

在一片宽敞的操场上进行,教师课前先在场地上画间距为 10 米的 3 条平行线,准备两个呼啦圈分别放置在中线上,在终点线位置放置两块训练垫子。

3. 游戏方法

教师可以按照青少年的身体和运动能力,分成人数相等、实力相当的两组。和前面的游戏类似,游戏开始后,每名青少年跑到中线位置后要成功地旋转呼啦圈三圈,在终点线位置的垫子上做一个前滚翻动作,然后返回队伍,以此类推,最先完成的小组获胜。

(四)跳移动栏

1. 游戏目的

发展听力障碍青少年的灵敏性和反应能力。

2. 游戏准备

教师在操场上提前画好一条起跑线,在线前 10 ～ 15 米的地方插 3 面小旗。

3. 游戏方法

将青少年分成人数相等的三个小组,分别列纵队站在各自的起跑线后面,游戏规则与前面的游戏类似。接力环节要求奔跑的青少年要绕小旗跑三圈再回到小组和本组的第二名青少年接力,以此类推,最先完成的小组为获胜组。

(五)双人跳绳接力

1. 游戏目的

发展听力障碍青少年的灵敏性、协调性和跳跃能力。

2. 游戏准备

教师准备两根 2.5 米的长跳绳。教师在场地上画两条相距 15 米的平行线。

3. 游戏方法

教师将青少年分成人数相等且实力相当的两组,需要注意的是,这个游戏需要每组青少年人数为偶数,因为每队都需两人一组进行游戏。游戏开始后,每组的前两名青少年肩并肩共同跳一根绳,一人左手握绳,一人右手握绳,做跑步跳绳的动作,从起点线跑到终点线,然后再跳绳返回,交给接下来的同组小伙伴接力进行,直到全部青少年完成游戏,先完成的一方为获胜组。

（六）勇闯封锁区

1. 游戏目的

在发展视障青少年的投掷、奔跑和躲闪能力的同时,提高他们的灵敏性和反应能力。

2. 游戏准备

在篮球场进行,如果没有篮球场,教师也可以根据操场的大小自行画出一个长方形的"封锁区",然后准备小皮球若干个。

3. 游戏方法

将青少年平均分成人数相等的两组,分别站在"封锁区"的两端边线之外,每名青少年手持一球,以整个球场为"封锁区"。按照教师的安排,一个小组先发起进攻,另一小组负责狙击。当看到教师发出"冲锋"信号后,狙击小组要以最快的速度冲过"封锁区",对面的小组则尽量用球击打进攻的对手,被击中的青少年则表示闯关失败,自觉到场外等候下一轮游戏。最终成功闯关人数多的一方为获胜方。

（七）得分传球

1. 游戏目的

发展听障青少年的灵敏性、协调性,并提升他们的团队协作能力。

2. 游戏准备

游戏需要在半场篮球场中进行,教师提前准备两把椅子和一个篮球,两把椅子之间相距 10 米左右。

3.游戏方法

教师将青少年分成人数相等的两组。每组3～5人,选出一人站在椅子上,视为该小组的队长,队长负责接到队友传过来的篮球。其他青少年站在场地中央。游戏开始后,按照教师的分配,一个小组负责进攻,一个小组负责防守。进攻组要快速将球传给场上本组队员,最终目的是将球传给站在椅子上的小伙伴。防守组则设法阻拦,设法抢到球,然后努力将球传给自己的队长。在教师规定的时间内,成功接球次数最多的一方为获胜方。

二、视力障碍青少年的运动锻炼指导

(一)迎面接力赛

1.游戏目的

发展视障青少年的奔跑能力。

2.游戏准备

选择在正规的塑胶跑道上进行,并准备接力棒若干。

3.游戏方法

将青少年分成人数相等的两队,每队再分成两组,分别站在起跑线后,面对面成纵队站立,一组排头持棒站在起跑线后。教师发令后,排头迅速起跑,将棒交给本队另一组排头,然后站到排尾,依次进行,每人都跑完一次,先跑完的队获胜。

(二)自由跑动

1.游戏目的

发展视障青少年的奔跑能力,提升他们的跑步速度和身体的灵敏性、协调性。

2. 游戏准备

可以在篮球馆进行。

3. 游戏方法

游戏的主要内容就是在场地内不停地跑动,且不能碰到其他人,青少年可以快速跑也可以慢跑,不能走步和停在某处。听到教师的指令后,所有青少年要在场地内做自由的跑步活动,可以绕圈跑,也可以直线跑,或者曲线跑,由青少年自己决定,只要在不停地跑动状态即可,并避免与其他青少年发生碰撞。直到教师发出停止的信号,一般一次跑动的时间会控制在 3 ~ 5 分钟之内,稍作休息再次开始。

可以缩小跑动的面积以增加难度,如在原来场地的中间拉一条绳子,要求所有青少年在原来一半的场地内跑动,且彼此之间不能发生碰撞。

(三)炮轰敌营

1. 游戏目的

发展视障青少年投掷的能力,提高投掷的准确性,培养不怕苦的精神。

2. 游戏准备

在地上画 3 个直径分别为 3 米、5 米、7 米的同心圆,分别表示敌方的"指挥部""军务处""哨所"。在距圆圈 20 ~ 25 米处画一条直线,直线后代表我方阵地。同时准备两个垒球作为进攻的"炮弹"。

3. 游戏方法

游戏时,教师将青少年分为人数相等的两组,分别列纵队站在直线后。从排头开始,直到所有人依次用"炮弹"轰炸敌方阵地,炸到敌方"指挥部"的得 10 分,炸到敌方"军务处"的得 6 分,炸到敌军"敌哨所"的得 2 分。在相同时间内,得分高的一组为获胜方。

（四）胯下头上传球

1. 游戏目的

发展视障青少年的腰部力量和灵敏性。

2. 游戏准备

在体育馆内进行,准备门球 2 个。

3. 游戏方法

教师将青少年分成人数相等的两组,两组分别站成两列纵队,两组之间间隔 3 米左右,排头各拿一个球,其余青少年分腿站立,且与前后同伴之间保持 0.5 米的距离。游戏开始后,每个小组的排头青少年将球从胯下向后传递,后面的青少年接过球之后再从自己的胯下传给身后的同伴,依此类推,直到将球传给队尾的最后一名青少年,用时最短,且中间球没有落地小组获胜。

（五）搬运球

1. 游戏目的

发展视障青少年的身体素质,尤其是加强其手臂力量和奔跑速度的练习,同时锻炼他们的协作意识。

2. 游戏准备

选择一个宽敞平整的场地进行游戏,在场地中间画两条间距 4 米的平行线。准备门球 4 个。

3. 游戏方法

游戏方法较为简单,即听教师的指令,然后快速将球搬运到指定位置,最先完成的小组获胜。

三、智力障碍青少年的运动锻炼指导

（一）挂环比赛

1. 游戏目的

发展智力障碍青少年的动作准确性，学习认识颜色，培养他们的目标感和秩序感，促进协作意识的发展。

2. 游戏准备

教师在场地准备蓝、黄、黑、绿、红五种颜色的塑料环若干，并在墙上的适当高处准备好五个挂钩（游戏时挂塑料环用），挂钩呈错落方式排列，如奥运五环旗的方式，并且在旁边挂一面大的奥运五环旗作为指导。教师在距离挂钩前 7 ~ 10 米处画一条起跑线。

3. 游戏方法

游戏开始前，教师将青少年分成人数相等的两组，并分别列纵队站在起点线后，听到教师的发令后，各组的第一个队员迅速跑到目标处，拾起某一颜色彩环，按照旁边奥运五环旗的排列，挂在相应的挂钩上，然后迅速跑回本组，并与队伍的第二人拍手以完成接力，然后排到队伍结尾，依此类推，直至所有的青少年都完成任务。最后教师检查每个小组的任务完成情况，颜色全部挂对的，且用时最短的小组获胜。

（二）追逐赛

1. 游戏目的

提高智力障碍青少年的奔跑能力。

2. 游戏准备

需要一个边长为 16 米的正方形活动场地，教师在正方形的 4 个角上分别插一面不同颜色的小旗，如红色、黄色、绿色和蓝色，在场地中间

放 4 个相应颜色的呼啦圈。

3. 游戏方法

游戏需将所有青少年分为人数相等的 4 个小组,分别站在一面小旗的位置。教师发出开始指令后,各小组的第一人按逆时针方向绕 4 个角跑一圈后,进入场内,并站在和本组旗子相同颜色的呼啦圈内,然后举手示意完成任务,本组的第二位队员接力完成任务,依此类推,最快完成任务且站对位置的人数最多的小组获胜。每个青少年要注意选对正确颜色的呼啦圈,如果站错则扣 1 分,就算到达终点,也不会计入总成绩,最后,教师按照完成的速度和正确的人数综合评分。需要注意的是,排名只是一种激励手段,最终目的是激励青少年快速且正确地完成任务。

(三)跳山羊

1. 游戏目的

发展智障青少年的跳跃能力、弹跳力,提升他们的灵敏性和团队合作意识。

2. 游戏准备

在宽敞的操场进行。

3. 游戏方法

游戏开始前,教师须事先画好一条起始线,然后将青少年平均分为两组,每组列纵队站在起始线后,教师讲解游戏规则,每个青少年站在原位练习做“山羊”姿势,即双腿分开站立略宽于肩,然后双手扶膝,弓背弯腰,并努力使身体稳定,准备游戏。

收到教师信号后,两个小组的排头青少年先做“山羊”,第二名青少年双手撑第一名青少年的后背,并向上分腿跳跃过“山羊”,然后再向前大约一米的距离,也做“山羊”的姿势,于是接下来的青少年不仅要跳跃过第一只“山羊”,还要跳跃第二只“山羊”,以此类推,越是排在后面的青少年,需要跳跃的“山羊”个数就越多,游戏难度也越大。两个小组先完成的为获胜方。

游戏中注意安全,不要用力过猛而推倒或踢倒“山羊”。

第六章

青少年参加不同体育项目的实践指导

　　青少年的运动锻炼活动，有许多项目可以开展，可以结合自身的兴趣爱好和客观条件选择其中的一种或者几种进行练习。本章将选择一些比较具有代表性的运动项目，讲解具体的学练方法，希望能够为青少年的体育运动起到促进作用。这些项目包括体操、跳绳、球类运动、武术、游泳以及街舞等。

第一节　体操运动锻炼指导

　　青少年体育锻炼活动中,有时也会涉及一些简单的体操类项目,对于提升青少年的身体素质,发展其身体形态,以及控制体态的美观具有一定的作用。小学体操教学中,队列队形是最基本的教学内容,包括两个部分:一是队列练习,指的是学生按教师的指示站好队形,并做同样的动作;二是队形练习,指的是各种队形的排列和变化。队列队形不只是体操课的基本教学内容,也是其他体育课准备部分的教学环节之一,只有掌握好队形的设计方法,使学生熟练常见的队列队形,才能保证后续教学的有序进行。队形练习是保障体育课堂教学秩序的基础条件。在小学体操教学中,要先安排队形队列的教学,对学生的反应能力、集体协同意识、注意力、思维能力及观察力进行培养,并培养学生遵守纪律、听从指挥、自我克制以及坚韧不拔的好品质、好习惯。这对提升体操课堂教学的组织性及教学效率具有重要意义。

　　本节重点对队列队形教学内容与方法以及教学注意事项展开具体分析。

一、队列队形练习

(一)集　合

口令"成一列横队——集合"。

1.练习要领

　　按照身高由高到低排好队伍,听到口令后,大家以身高最高的青少年为基准,由高到低依次向左排列,自行看齐。

2. 练习提示

讲解集合的要点和要求。

（二）立　正

口令"立正"。

1. 练习要领

脚跟并拢，足尖外分，两腿并拢且充分伸直，抬头、挺胸、收腹，目视正前方，颈部挺拔，两肩保持一条直线，手指并拢，中指轻贴裤缝。

2. 练习提示

（1）教师讲解动作要领。
（2）教师边示范，边强调要点。
（3）学生练习，教师检查并纠正错误。

（三）稍　息

口令"稍息"。

1. 练习要领

在立正姿势的基础上，左脚顺脚尖方向伸出，距离约为脚长的2/3，右脚承担大部分的身体重心；上体姿势和立正姿势相同。

2. 练习提示

（1）教师讲解动作要领。
（2）教师边示范，边强调要点。
（3）学生练习，教师检查并纠正错误。
（4）"稍息"与"立正"交替练习。

（四）看　齐

口令"向右（左）看——齐""向前——看"。

1. 练习要领

基准学生保持立正姿势,其余学生同时将头向右转,斜视右侧同学。一般基准学生左侧的四名同学都能看到基准学生,其他学生能看到右侧的三名同学。看齐的同时,身体其他部位的姿势保持不变。由向右看变为向前看时,除基准学生外,其他学生同时迅速向左转头,目视正前方,恢复立正姿势。

2. 练习提示

教师为了帮助学生看齐,可以在场地上画色彩鲜明的标志线,教师在基准学生的右侧观察全体学生是否看齐,然后再回到队伍前面下达新的口令。

(五)报　数

口令"报数"。

1. 练习要领

如果是一列横队的队形,则从基准学生开始由右向左依次报数,报数的同时向右转头,报数干脆利落,声音洪亮,到最后一名学生时,只报数,不转头。如果是一列纵队的队形,则从前向后依次报数。报数完毕后,体育委员应向教师汇报"全到"或"缺几名同学"。

2. 练习提示

(1)教师讲解动作要领。
(2)教师边示范边强调要点。

(六)原地转身

口令"向右——转"。

1. 练习要领

向右转时,以右脚跟为轴,同时左脚前脚掌也发力和右脚脚掌共同向右转动 90°，完成转动后的姿势同立正姿势。转体时膝关节不能弯曲，上体始终保持正直，中指始终不离开裤缝。

半面向右转时，动作要领同上，但转体角度从 90° 变为 45°。

向后转时，动作要领同上，但转体角度为 180°。

2. 练习提示

（1）先讲解，后进行示范。

（2）先分解练习，后完整练习。

（3）反复练习向不同方向的原地转法。

（七）齐　步

口令"齐步——走"。

1. 练习要领

先向前迈左脚，距离大约 75 厘米，右脚随之跟进。上体始终保持正直或稍微向前倾；双手稍握拳，手臂前后摆动。向前摆动时，肘部弯曲，前臂向内，手与胸同高，指根距离衣服 25 厘米左右。齐步走的步速约为 120 步 / 分。

2. 练习提示

（1）先讲解，后进行示范。

（2）先分解练习，后完整练习。

（3）配合口令"一、二、一"进行练习。

（八）正　步

口令"正步——走"。

1. 练习要领

左脚脚面绷紧，左腿伸直向前踢出约 75 厘米，脚掌与地面之间有 25 厘米左右的间距，然后左脚下压着地。身体重心随之向前移动，右脚按同样的方法跟进。正步走的过程中，上体始终保持正直，双手稍握拳，两臂前后自然摆动。手臂前摆时,肘部弯曲,前臂比较平一些,手腕与身体间隔 10 厘米左右,高度在上衣的第三、四衣扣间。向后摆臂时尽可能达到极限距离。步速大约为 116 步 / 分。

2. 练习提示

(1)先讲解,后进行示范。

(2)先分解练习,后完整练习,踢脚→压脚→原地摆臂→臂、腿配合的分解动作→完整动作。

(3)配合口令"一、二、一"进行练习。

(九)踏　步

口令"踏步——走"

1. 练习要领

两脚原地交替抬起、落地,抬起时脚尖下垂,与地面大约有 15 厘米的间距;下落时从前脚掌着地过渡到全脚掌着地。上体始终保持正直,手臂前后自然摆动,方法同"齐步"。从"踏步"转为"齐步"时,先继续踏两步再换齐步走。

2. 练习提示

(1)先讲解,后进行示范。

(2)反复练习。

(3)原地踏步和齐步、正步结合进行练习。

(十)跑　步

口令"跑步——走"。

1. 练习要领

双手握拳置于腰两侧,拳心向里,肘稍向内,上体稍前倾。左腿稍屈膝向前提起,左脚向前跃出约 80 厘米的距离,前脚掌先着地,随之重心向前移动,右脚跟进,两腿交替跑进;前后自然摆臂,向前摆臂时前臂稍平。跑速大约 180 步 / 分。

2. 练习提示

（1）先讲解，后进行示范。
（2）以一列或多列纵队进行练习。
（3）跑进中可变化队形。
（4）结合踏步、齐步进行练习。

（十一）立　定

口令"立——定"。

1. 练习要领

以齐步和正步完成立定动作，同时放下手臂，保持立正姿势。

2. 练习提示

结合齐步、正步、踏步、跑步进行练习。

二、技巧动作练习

　　青少年体操锻炼中的技巧运动主要指的是垫上运动。青少年在垫子上完成一些简单的组合动作练习，如滚翻、倒立、平衡等。技巧运动是小学体操教学的重要内容之一，通过垫上练习，使青少年将技巧动作熟练掌握，并在教学中促进青少年柔韧素质、协调素质、灵敏素质等身体素质的提升，促进骨骼、关节及韧带等组织的机能水平的提升，促进各生理系统功能的改善，同时促进其空间定向能力的发展。技巧运动锻炼还能对青少年的优良品质和良好道德素质进行培养。

（一）前滚翻

（1）屈膝深蹲，双手支撑在垫子上，两手间距与肩同宽。
（2）上体稍前倾，双脚同时蹬地，梗头、屈臂、团身，顺势向前翻滚，大腿与胸部紧贴，双手将双膝抱紧。

（3）翻到 3/4 处时松开两臂，腰腹收紧，两脚着地呈蹲立姿势。

滚动练习中如果身体向左或向右外时，顺势向外的一侧梗头继续滚动，从而预防颈部受伤。

（二）鱼跃前滚翻

（1）自然站立，屈膝稍蹲做好准备。

（2）两脚同时用力蹬地向前跃出，同时双手向前伸展，两手着垫支撑，低头，身体顺势向前翻滚。

（3）完成翻滚后两脚并拢站立，两臂在体侧平展保持平衡。

练习时注意双手支撑在垫子上时，屈臂缓冲，滚动过程中身体向一侧歪时，顺势向歪的一侧梗头继续滚动成侧滚翻。

（三）肩肘倒立（女生）

（1）坐在垫子上，两腿并拢，双臂放于腿两侧。

（2）身体重心向后倒由髋带动下肢向后上方伸直，同时双手在腰背关节处支撑，肘支撑在垫子上完成动作。

注意重心不稳而向前冲肩时，顺势滚翻，有控制地落下。

（四）头手倒立（男生）

（1）双手双脚支撑于垫子上，两腿尽可能伸直，双臂屈肘，额头在垫子上，双臂和头部呈三角形，做好准备。

（2）双腿依次向上方伸展，两腿在空中并拢，手臂和头部姿势不变。

注意身体重心前倒时顺势低头向前滚翻。

三、支撑跳跃动作练习

支撑跳跃是跳跃中借助双手的撑推而从器械上迅速腾跃而过的体操练习方式。这种练习有一定的强身健体价值，健身功效表现为增强四肢力量，促进身体平衡性、协调性及灵敏性的提升，改善呼吸系统、心血管系统及神经系统的功能，提升身体活动能力等。此外，支撑跳跃练习还有助于培养青少年果敢顽强、勇于挑战和迎难而上的精神品质。

（一）挺身跳

1.动作方法

轻松助跑跳上踏板,身体腾空中,稍挺胸,躯干挺直,梗头,落地后注意屈膝缓冲。

2.动作关键

身体腾空后立腰。

3.保护与帮助

保护者站在落地点一侧,当练习者落地后,两手分别扶在其腹、背部位,防止因重心不稳而摔倒。

（二）分腿挺身跳

1.动作方法

动作方法和挺身跳相同,但要注意身体腾空后双腿向两侧打开,下落时再并拢,以便屈膝缓冲。

2.动作关键

同挺身跳。

3.保护与帮助

同挺身跳。

（三）屈体跳

1. 动作方法

助跑跳上踏板，手臂前后用力摆动，双腿充分蹬伸，使身体腾空到理想高度，快到达最高点时，两腿上提，双手去碰脚背，然后充分向上摆动两臂，两腿伸直，挺身落地，屈膝缓冲。

2. 动作关键

身体快到最高点时，腹部肌肉收缩，适当屈髋，两腿上提，俯身，用双手用力去触碰脚背。

3. 保护与帮助

同挺身跳。

（四）跳山羊

1. 动作方法

（1）中速助跑上板，踏跳后迅速向前伸展两臂，双手支撑于器械。
（2）臀部稍提，含胸、顶肩。
（3）双手推离器械的瞬间，两腿向外打开并下压。
（4）在体侧向上摆臂，梗头，两腿并拢落地。
（5）落地后屈膝缓冲。

2. 动作关键

双手支撑于器械上时臀部与肩部基本在一条直线上，推离器械，身体腾空后充分伸展。

3. 保护与帮助

保护者先站在器械一侧，当练习者双手支撑器械时，保护者扶其上臂，当练习者推离器械腾空后，保护者迅速移到落地点一侧，练习者落地后，迅速扶其腹部和背部，防止其因重心不稳而摔倒。

（五）跳上成蹲撑,挺身跳下

1. 动作方法

（1）助跑 5 ～ 7 步,速度由慢到快,最后一步以"单跳双落"的方式上板。

（2）先双手支撑跳箱,然后两脚迅速落在跳箱上,分腿支撑,臀部稍提,含胸,顶肩,呈蹲撑姿势。

（3）两脚蹬离跳箱,两臂上摆,身体充分伸展,双腿并拢落地,屈膝缓冲。

2. 动作关键

双臂支撑跳箱时应充分伸直,身体腾空后充分伸展。

3. 保护与帮助

保护者站在跳箱一侧,当练习者跳上跳箱时,双手将其肩部托住。当练习者蹬离器械腾空后,保护者迅速移到落地点一侧,练习者落地后,迅速扶其腹部和背部,防止因重心不稳而摔倒。

第二节　跳绳运动锻炼指导

跳绳是一项比较传统的运动项目,由于其形式多样、方便灵活,因此对各个年龄段的人群而言都是一个很好的健身娱乐的选择。对于青少年而言,他们喜欢选择一些具有趣味性、竞赛性和挑战性的运动形式。因此,本节重点选择更具游戏色彩的花样跳绳和跳长绳的学练方式进行讲解。

一、花样短绳

（一）交叉摇绳跳

个人花样跳绳的种类有很多，最常见的是交叉手臂摇绳。开始时以正常的双脚跳绳开始，当绳速达到一定程度后，双臂于胸前交叉摇绳跳，然后再进行正常的双脚跳，两种跳法交替进行。

（二）一跳双摇

一跳双摇是指在单人单跳的过程中，加快摇绳的速度，然后用力跳起并含胸收腿，在落地之前，再增加一次摇绳，等于完成一次跳起、摇绳两次的动作。一跳双摇对青少年的跳绳基本功要求较高，需要在非常熟练的基础上才能进行。

（三）双人单跳

两人摇一根绳，待开始时一人钻进绳下跳一次然后快速闪出，另一人接力进入跳绳跳一次也快速闪出。这样两人形成接力，完成双人单跳的练习。

（四）单人开合跳

单人开合跳就是在匀速跳绳的过程中，加进双脚开合跳的动作。这一花样跳绳看似简单，实际上是对身体同时完成两个不协同动作的考验，不仅能够锻炼青少年的有氧无氧混合素质，还能加强神经敏感性的提升。

（五）高抬腿跳 [1]

一边跳绳，一边进行高抬腿动作，并保持跳绳不间断。

二、跳长绳

（一）集体跑 8 字跳长绳

选择两人摇绳，其余青少年排成长队站在一名摇绳同学身边，开始时，一列队陆续穿过长绳，每人只能跳一次后就跑出，且第二个同学必须同时跟上，不能有间断，否则算失败。跳出的同学转身从另一摇绳者身后绕过，然后站到队尾，依次进行。

（二）长短绳一起跳

首先选择两组青少年分别站在相距两米的位置相向摇绳，其余青少年站成一列，并各自持短绳做常规单跳练习，游戏开始后，跳短绳的青少年在不间断的情况下分别跳进两组长绳，其余人在后面跟进。

（三）交叉入绳

两人负责摇绳，其余青少年分为两组，分别站在两名摇绳者的身边，听口令后，两组同学的第一人同时跳入，然后从对面跳出，两人的路线正好呈交叉形式，依次进行，如果中间间断，则重新开始。

（四）跳长绳拾物

一边跳长绳，一边将手中的物品放在地上，然后跳起，下一次再捡起来为一个完整动作，反复进行。

---

[1]　裴梦冉.花样跳绳技能学习层次与练习方法的研究[D].哈尔滨师范大学，2022.

第三节　球类运动锻炼指导

　　球类运动种类丰富,是青少年进行体育锻炼时的一个重要方面。比如网球、羽毛球等都十分适合青少年进行体育锻炼。

一、网　球

(一)网球运动的相关介绍

　　网球运动是一种以身体的练习为主要手段,人体直接参与并且承载一定的运动负荷的运动项目。网球运动的过程中既包含有氧运动也包含无氧运动,一般的发球、拍球、奔跑等动作为有氧运动,瞬间爆发力比较强的跑、跳、跃等动作为无氧动作。网球运动除了能够增强人的体能,还能够对身体的呼吸水平、神经系统、循环系统等产生刺激,提高人的心肺功能,增强人体的反应能力,促进人体的新陈代谢。

(二)网球运动的特点和魅力

　　网球运动是一种同时具备健身价值和艺术价值的运动方式,能够同时满足人们对"健康"和"美感"的双重需求。人们在网球运动中的参与感和互动感非常强,不同年龄阶段的人群能够在同一个网球运动场地以同样的规则进行一场网球比赛,在运动中完成情感的交流和互动。相比于其他球类运动,网球具有能够减少因身体碰撞而带来身体损害的优势,竞争双方相隔在隔网的两端,互相接触不到自己的身体,能够有效避免身体碰撞和身体冲突。网球的姿势和动作具有自然、舒展、大方的特点,使网球运动看起来十分具有艺术性和美感,因此网球运动最开始其实是一种贵族运动。网球运动中包含着丰富的文化内涵,体现了人们对于诚信、文明、自信、谦虚等品德的向往,以及对于艺术、美感等价值的追求。网球运动集和谐性、趣味性和技巧性于一体,吸引着众多体育运动爱好者参与其中。

(三)网球对于提高青少年体质发展水平的作用

1. 有助于培养灵活的思维方式

网球运动是一项需要比赛双方不停在进攻和防守之间博弈的运动,这个过程既考验参与者的体力和运动技能,也非常考验参与者的运动智慧和反应能力。经常参与网球运动有助于培养青少年灵活的思维方式,提升自己的智慧水平。

2. 增强青少年的交往能力

网球是一项无法单人进行的运动,必须同时具备比赛双方,这种特征注定网球运动具有很强的互动性。网球运动中既需要和队友进行交流沟通,建立队友之间的默契度,培养团队协作能力,也需要和比赛对手之间建立友好的关系,公平竞争,相互尊重。网球运动是一种人际交往的好方式,青少年可以在网球运动中拓宽自己的朋友圈,或者与朋友进行情感交流,增进友谊,经常进行网球运动能够增强青少年的交往能力。

3. 改善青少年的体型

对于有健身减肥需要的青少年来说,网球运动无疑是一个非常合适的选择。根据科学的数据显示,人们每天进行 30 分钟以上心率为 120～160 次的中低强度有氧代谢运动,就能够达到减肥的目的。网球运动不仅符合这个标准,而且其运动强度还要稍高于此标准,再加上人们在进行网球运动时的动作幅度非常大,能够带动全身肌肉,所以经常进行网球运动能够帮助青少年改善体型。此外,网球运动的互动功能还能增强运动的趣味性,可以增强青少年运动的热情和决心。

4. 改善青少年的体态

良好的体态能够展现一个人的精神气质和魅力,人们进行运动的目的之一也是改善自身的体态,而网球运动对于改善体态具有非常有效的作用。对于男生来说,经常进行网球运动能够减少其手臂、背部和腹部的脂肪,使其身姿更加健美挺拔;对于女生来说,经常进行网球运动能够锻炼四肢,使四肢更加紧致修长,还能够使肩部和臀部更加健美,使女生展现出"曲线美"。另外,网球运动的动作大方、优美,而且动作幅度非常大,能够拉伸全身的肌肉,使人形成自然挺拔的身体姿态。

（四）网球运动练习方法

1. 发球技术的练习方法

（1）握拍:建议选择大陆式握拍方式。

（2）握球:手里只有一个球的时候,只需要有手指和手掌将球托起即可;手里有两个球的时候,球以上下的位置放在手中,上面的球由大拇指、食指和中指负责托起,而下面的球则由无名指和小拇指负责托住。

（3）准备姿势:双脚分开保持和肩膀一样的宽度,身体的重心倾斜在脚掌的前半部分。一只手握住网球拍,另外一只手负责拿球并同时扶稳球拍颈部。

（4）重心向后移动,同时向后拉拍和抛球:随着重心前—后—前移动的同时,两手也同时由下而上沿弧线运动。

（5）盯球:在抛球和击球的同时,要确保视线始终落在球身上,确定球的位置和方向,保证动作不出错。

（6）击球过程:击球时球拍的位置在身体的右前上方,击球过程中的动作顺序为向上—向前—向下三步。击球时需要运动者的身体挺直,手肘部位稍微弯曲,身体的重心放在脚掌的前半部分。

（7）结束动作:球拍将球发出去之后动作不停止,继续下滑完成整个弧形的击球动作,最后在身体的左下方收停动作。

2. 正反手击球技术的练习方法

青少年在进行正反手击球技术练习时,可以借助墙壁辅助练习。具体方法是将墙壁划分成大小不同的区域,根据技术水平由弱到强的发展规律逐渐缩小划分区域的范围,还可以同时设置几个位置不同的区域,假设其为不同位置的队友,进行方位变化的练习。这种练习方式能够锻炼青少年的反应能力、协调能力和判断能力,提升青少年的正反手击球技术水平。

3. 截击球技术的练习方法

截击球技术具有距离短、球速快的特点,要求运动者具有非常灵敏的反应速度。青少年在进行截击球技术练习时,可以采用短握拍形式进行,初练时击墙的高度略高,距离放远,同时与反弹球结合进行,让练习者有足够的时间完成动作。练习者还可以进行左右手交换练习或者和同伴结伴练习,以提高练习的趣味性,激发练习的信心和耐心。

二、羽毛球

(一)羽毛球的相关介绍

羽毛球运动是运动双方隔着球网相互击球对抗的一种球类运动。运动时,参与的双方分成两队,分别站在球场的两边,用球拍击打羽毛球,使其在球网两侧来回。己方的球落到对方的场地,或者击打对方发过来的球使其出界,则视为比赛的胜利。羽毛球是一项充满了竞技性质和趣味性的球类运动,在全世界范围内都非常流行。

(二)羽毛球对于提高青少年体质发展水平的作用

1. 羽毛球运动对于青少年的锻炼作用

作为一种运动方式,羽毛球的锻炼性是其基本属性。羽毛球中包含的技术非常丰富,如前、后场中的快速击球,以及高球、扣球、抽球等技术。这些技术需要运动者做的动作是不尽相同的,青少年在运用各种动作完成这些技术的时候能够锻炼到身体的不同部位,带动全身肌肉运动,从而达到全身锻炼的效果。

同时,羽毛球还是一个对抗性的体育运动,运动是以双方进行比赛的形式展开的,所以人们在进行羽毛球运动的时候,除了要进行体能的竞赛,还要进行智慧上的较量。因此,经常进行羽毛球运动还能够锻炼青少年的运动智慧,提高青少年的反应能力、判断能力、灵活性。

羽毛球运动还有锻炼人的意志力的作用。坚持经常进行体育锻炼是一种非常具有挑战性的事情,人们可能会因为各种心理因素和身体因素出现抗拒锻炼的态度。即使在运动的过程中,人们也可能会因为体力不支等原因想要中途放弃。保持进行羽毛球锻炼的习惯是一件非常需要意志力的事情,青少年如果能够经常进行羽毛球锻炼,就能够在坚持的过程中提高自己的意志力水平,这种意志力最终也能够迁移到其他的生活场景中,对他们的人生产生积极的影响。

2. 羽毛球运动对于青少年的娱乐作用

羽毛球运动自从问世以来就受到人们的广泛欢迎,在长期的发展过程中,它除了保持自己的运动属性之外,还逐渐成了一种娱乐方式,具备了娱乐属性。羽毛球具有运动难度较低、运动量不大、场地和器材限制少的优点,这使得各种年龄阶段的人都能够在有限的条件内开展运动。同时,作为一种以比赛形式进行的运动,羽毛球还具有很强的互动性,人们在你来我往的发球、接球过程中不仅能够切磋技艺,还能够交流感情、培养友谊,增强了羽毛球运动的娱乐属性。

因此,青少年经常进行羽毛球运动除了能够锻炼身体之外,还能够娱乐自己,放松心情,更有利于其成长。

(三)羽毛球技术学练

1. 握拍动作

(1)正手握拍

手不能握拍太紧,手掌心和球拍之间保留一定的空间,保证球被打出去之后的运动路径能有一定的弧度变化;食指和中指不能并拢,应该保留大概一个手指的距离,方便发力;拇指和食指负责转动球拍,中指、无名指和小拇指负责发力。

(2)反手握拍

大拇指顶在拍柄的宽面上,其余四指位于下方,撑住球拍,有利于反手发力。

（3）钳式握拍

这种握拍姿势一般被用在网前球中,大拇指和其他手指分开处于手柄的两侧钳住球拍,球拍的头部轻轻向下倾斜。

（4）锤式握拍

锤式握拍的姿势能够为挥拍动作提供充足的力量,一般被用在力量型挥拍动作之前。具体姿势为紧并五根手指,食指指尖位于大拇指下面并与之接触,握紧球拍。

2. 挥拍动作

（1）内旋挥拍

正手挥拍方式,前臂内侧转动。

头顶击球:手腕向外翻动带动球拍做顺时针旋转击球,球拍打正。

正手挑球:前臂向外做好击球准备动作,用力向内旋前臂挥拍。

（2）外旋挥拍

反手挥拍方式,前臂外旋转动,手腕的外伸后带动球拍做逆时针旋转击球。

转身后,腿弓步,肘关节向前向上顶起,抬高肘关节直至最高,球拍从身体的腹部向上挥,下面三指用力,拇指和食指放松。

前臂首先内旋,不要停顿,肘部伸直,前臂反向外旋。

在大力击球时,内外旋手臂混合使用;在反手击球时,外旋前有一个内旋,需要预先使肌肉紧张起来,增大加速过程。

（3）摆臂挥拍

注意事项:

主要用于接发高球。

加速过程尽量要长。

在软击球中(如正手头顶吊球)加速过程并不重要。

3. 步 法

（1）并步。

（2）交叉步:包括前交叉步和后交叉步两种。

（3）垫步:一般用作调整步距。

（4）蹬跨步:多用于上网击球,在向后场底线两角移动抽球时也常采用。

4.击球动作

羽毛球的击球动作分为高手击球、低手击球、网前击球三大类。具体的技术动作较为繁多,但大致可分为搓球、推球、勾球、挑球、扑球、放网前球六种。每种技术动作对应着针对某种来球,或者达到某种目的,需要在日常练习中大量地实践才能逐渐体会其中的技术奥妙。

5.跳起动作

（1）双脚起跳杀球

前球的情况下,对方通常会在迫不得已的情况下选择后场,为了从后场接住对方的球,本队的人员一定要快速地退到对方发来的球的后方,双脚起跳向前杀球。注意在落地的时候,要将身体的重心稍微向前倾斜。

（2）半转体起跳杀球脚步

并步过去,跳高一点点,手臂向前伸出,脚步落地后不转体。

羽毛球是一项对动作的技术要求比较高的运动,想要学会羽毛球首先就要了解并掌握其基本姿势和动作。以后场正手击高远球为例,其完整动作过程如图 6-1 所示。

图 6-1　后场正手击高远球

第四节　武术运动锻炼指导

我国传统武术文化博大精深,有着悠久的文化和历史,其中发展出众多的种类和流派,如在国内外都比较具有影响力的太极拳、太极剑、健身气功等。

一、武术基本功锻炼

(一)肩　功

1.压　肩

(1)动作方法

面对肋木或一定高度的物体开步站立,与肩同宽或略比肩宽,两手抓握肋木,上体前俯下振压肩;也可以两人面对面站立,互相扶按肩部,做体前屈振动压肩动作;也可由他人协助做扳压肩部的练习。

(2)动作要点

挺胸、塌腰,手臂和腿伸直,振幅要大,压点集中于肩部;逐渐增加外力作用。

2.转　肩

(1)动作方法

两脚开步站立,两手握棍于体前,与肩同宽,然后上举绕至体后,再从体后向上绕至体前,往复一周。

(2)动作要点

转肩过程中两臂始终伸直;两手握棍的距离应尽量窄,可结合自身情况进行调节。

3. 臂绕环

（1）单臂绕环

①动作方法

左弓步姿势，左手按于左大腿上（也可两脚开立，左手叉腰），右臂上举，由上向后、向下、向前绕环一周为后绕环。右臂由上向前、向下、向后绕环一周为前绕环。

②动作要点

臂伸直、肩放松、贴身画立圆；动作速度尽量加快。

（2）双臂前后绕环

①动作方法

两脚开立，与肩同宽，两臂垂于体侧，依次由下向前—上—后或由上向后—下—前绕环。

②动作要点

松肩、探臂，体侧画立圆；动作速度尽量加快。

（3）双臂交叉绕环

①动作方法

两脚开立，两臂伸直上举，左臂向前、向下、向后；右臂向后、向下、向前，同时于身体两侧画立圆绕环。数次后，再做反方向绕环。上体放松，协调配合两臂绕环，两臂于体侧成立圆绕环。

②动作要点

上体放松，体侧画立圆；动作速度尽量加快。

（4）仆步抡拍

①动作方法

两脚开立，上体左转成左弓步，同时右掌向左前下方伸出，左掌心向里，插于右肘关节处；上动不停，上体右转成右弓步，同时右臂由左向上、向右抡至右上方，左掌下落至左下方；上动不停，上体右后转，同时右臂向下、向后抡臂划弧至后下方，左臂向上、向前抡至前上方；上动不停，上体左转成右仆步，同时右臂向上、向右、向下抡臂至右腿内侧拍地，左臂向下、向左抡臂停于左上方。目随右手。

②动作要点

两臂伸直，以腰带臂，上抡臂贴耳，下抡臂贴腿；动作连贯。

（二）腿　功

1. 压　腿

（1）正压腿
①动作方法
面对肋木，并步站立。左腿抬起，脚跟放于肋木上，脚尖勾紧，两手扶按膝上。两腿伸直，立腰、收髋，上体前屈，向前下做压振动作，压振时，以前额、鼻尖触脚尖，数次后过渡到以下颌触脚尖，压至疼痛时进行耗腿练习。
②动作要点
直体向下振压；逐渐增大压腿振幅。
（2）侧压腿
①动作方法
侧对肋木或一定高度的物体站立，右腿支撑，脚尖外展，左脚跟放在肋木上，脚尖勾紧，右臂上举，左掌附于右胸前，上体向左侧振压。
②动作要点
立腰、展髋，直体侧压；逐渐增大压腿振幅。
（3）后压腿
①动作方法
背对一定高度的物体或肋木，然后左腿支撑，右腿后伸，将脚背放在与髋同高的物体上或稍高的物体上，脚面绷直，上体做后仰的压振动作。
②动作要点
挺胸、展髋、腰后屈；逐渐增大压腿振幅。
（4）仆步压腿
①动作方法
两脚左右开立，右腿屈膝全蹲，左腿挺膝伸直，脚尖内扣。两脚全脚掌着地，两手分别抓握两脚外侧。
②动作要点
挺胸、塌腰、沉髋、绑腿，臀部尽量贴近地面；逐渐增加上体下压振幅。

2. 扳　腿

（1）正扳腿

①动作方法

右腿直立，左腿屈膝上提，右手握住左脚外侧，左手抱膝，然后右手握住左脚上扳，同时左腿挺膝向前上方举起，左手压住左腿膝关节。也可由同伴托住脚跟上扳。

②动作要点

挺胸、立腰、收髋；上扳高度逐渐提高。

（2）侧扳腿

①动作方法

右腿屈膝提起，右手经小腿内侧托脚跟，然后将右腿向右上方扳起，左臂上举亮掌。或由同伴托住脚跟向侧扳腿。

②动作要点

伸腿、挺胸、立腰、开髋；上扳高度逐渐提高。

（3）后扳腿

①动作方法

手扶一定高度的物体或肋木，左腿支撑，由同伴托起右腿从身后向上扳举，挺膝，脚尖绷直。练习时挺胸、塌腰，髋放正、腰后屈。

②动作要点

后伸腿、抬头、挺胸、呼吸均匀，同伴注意后扳幅度的控制。

3. 劈　腿

（1）竖　叉

①动作方法

两手体侧左右扶地或两臂侧平举，两腿前后分开成直线，以左腿后侧着地，脚尖勾起；同时以右腿内侧或前侧着地，绷脚尖。

②动作要点

挺胸、立腰、沉髋、挺膝。

（2）横　叉

①动作方法

两臂侧平举或在体前扶地，两腿左右分开成直线，脚内侧着地或脚尖上翘。

②动作要点

挺胸、立腰、展髋、挺膝。

4. 控　腿

（1）前控腿

①动作方法

右手扶肋木,侧向肋木并步站立,左手叉腰。左腿屈膝前提,脚尖绷直或勾紧并向前上方伸出,停留片刻后还原,然后再伸出再还原,反复进行。

②动作要点

挺胸、直背、挺膝;控腿的高度逐步提高。

（2）侧控腿

①动作方法

右手扶肋木或一定高度的物体,左手叉腰,侧向并步站立。左腿屈膝侧提,脚尖绷直或勾紧,向外侧前上伸出,停留片刻再还原。

②动作要点

挺胸、直背、开髋、挺膝;控腿的高度逐步提高。

（3）后控腿

①动作方法

右手扶肋木,左手叉腰,侧向并步站立。左腿屈膝前提,脚尖绷直并向后上方伸出,停留片刻再还原,然后再伸出再还原,反复进行。

②动作要点

挺胸、展髋、挺膝、腰后屈;控腿的高度逐步提高。

5. 踢　腿

（1）正踢腿

①动作方法

右手扶肋木或一定高度的物体,左手叉腰,并步侧向站立。右腿支撑,左脚勾起,挺膝上踢,然后下落还原。

②动作要点

挺胸、立腰、收腹、沉髋;踢腿过腰后要加速。

（2）侧踢腿

①动作方法

双手扶肋木或一定高度的物体，丁字步站立。动作同正踢，唯向侧踢。

②动作要点

挺胸、立腰、收腹、沉髋；踢腿过腰后要加速。

（3）后踢腿

①动作方法

双手扶肋木，并步站立。右腿支撑，左腿伸直，脚尖绷直并向后上踢起，或大腿后踢过腰后，用脚掌触头。

②动作要点

挺胸、抬头、挺膝、腰后屈。

（三）腰　功

1. 俯　腰

（1）前俯腰

①动作方法

两脚并步站立，两手交叉，直臂上举，手心朝上，上体前俯，膝关节挺立，两掌心尽量贴地；也可以两手松开，分别抱住两腿跟腱处，胸部尽量贴近腿部，持续一定时间后再站立。

②动作要点

挺胸、塌腰、两腿伸直、挺膝、收髋、前折体。

（2）侧俯腰

①动作方法

并步站立，两手手指交叉，直臂上举，掌心朝上。上体左（右）转向左（右）侧下屈，两手掌心触地，持续一定时间后还原。

②动作要点

挺胸、塌腰、两腿伸直，挺膝、两脚固定，侧折体。

2．甩　腰

（1）动作方法

开步站立，两臂上举，以腰、髋关节为轴，上体做前后屈动作，两臂也随着摆动。

（2）动作要点

快速、紧凑、动作有弹性。

3．涮　腰

（1）动作方法

开步站立。上体前俯，两臂下垂随之向左前方伸出，以髋关节为轴向前—右—后—左绕环一周或向后—左—前—右绕环一周。

（2）动作要点

两脚固定，两臂放松；上体环绕幅度尽量大。

4．下　腰

（1）动作方法

两脚开立，与肩同宽，两臂伸直上举。腰向后弯，抬头、挺腰向上顶，两手撑地成桥形。也可两手扶墙做下腰动作练习。

（2）动作要点

挺胸、挺髋，顶腰，两脚固定，腰后屈。

（四）桩　功

1．马步桩

（1）动作方法

两脚平行开立，约为脚长的三倍，脚尖朝前，屈膝半蹲，大腿接近水平，全脚着地，身体重心落于两腿之间。两臂微屈平举于胸前，掌心向下，目视前方。也可两手抱拳于腰间。

（2）动作要点

挺胸、直背、塌腰、深呼吸；逐渐延长静站时间。

2. 虚步桩

（1）动作方法

两脚前后开立，右脚外展45°，屈膝半蹲，左（右）脚脚跟提起，脚面绷直，脚尖稍内扣，虚点地面，膝微屈，重心落于右（左）腿上。两手在腰间抱拳，目视前方。

（2）动作要点

挺胸、直背、塌腰，虚实分明；逐渐延长静站时间。

3. 浑元桩

（1）升降桩

①动作方法

两脚平行开立与肩同宽，两膝微屈，两肘稍屈，两手心向下，举于胸前，然后配合呼吸，做升、降动作。练习时头颈正直，沉肩垂肘，松腰敛臀，上体正直。呼吸深、长、匀、细。升时配合吸气，小腹外凸；降时配合呼气，小腹内凹。

②动作要点

头正、颈直，沉肩、垂肘，松腰、敛臀；呼吸深、长、匀、细；逐渐延长静站时间。

（2）开合桩

①动作方法

两脚平行开立，与肩同宽，两腿屈膝略蹲。两臂屈肘，两手心向内，指尖相对，合抱于体前。随自然呼吸做开合运动，开时配合吸气，小腹外凸；合时配合呼气，小腹内凹。

②动作要点

头正、颈直，沉肩、垂肘，松腰、敛臀；呼吸深、长、匀、细；逐渐延长静站时间。

二、初级枪术锻炼

（一）预备式

（1）并步站姿，右手握枪杆立在体侧。向左平视。

（2）右手握枪上举,左手在右手上将枪杆握住。

（3）左脚向前跨出半步成左虚步。同时右手移握于枪把部位,左臂伸向左后下方,左手移握于枪杆上部,向左平视。

（4）左脚向左一步跨出,屈膝成半马步;右手握枪置于腰侧,左手向身体左侧摆动枪杆,双目注视枪尖。

（5）右腿蹬直,上体左转成左弓步姿势;两手握枪向前平扎。

（二）第一段

1. 插步拦、拿中平扎枪

（1）恢复半马步;将枪把撤回右腰侧,左手握在枪杆中段。

（2）右脚左插步;右手将枪把握住,右前臂上翻,左臂外旋,使枪尖向后向下划半立圆（"拦枪"）。

（3）左脚向左横跨成半马步姿势;右手从上向前下方划半立圆,最后停在右腰侧,左臂内旋使枪尖从下向前上方划圆（"拿枪"）。

（4）蹬直右腿,上体左转成左弓步姿势;双手握枪向前平扎。

2. 跳步拦、拿中平扎枪

（1）恢复马步。右手握枪把收到右腰侧,左手握在枪杆中段。

（2）右脚迈向身体左侧,两手握枪拦枪。

（3）左脚蹬地起跳,落在身体左侧落地呈半马步姿势。两手握枪拿枪。

（4）蹬直右腿成左弓步。两手握枪扎枪。

3. 绕上步拦、拿中平扎枪

（1）恢复半马步,两手握枪撤回。

（2）右脚向左脚前跨出一步,双手握枪拦枪。

（3）左脚向前上方跨出一步,双手握枪拿枪。

（4）右脚向左脚前方上步,上体向左转。两手握枪向前平扎。

4. 插步拦、拿中平扎枪

（1）稍向右转体,双手握枪撤回。

（2）左脚向前上方跨出一步,右脚插向左腿后。向右转体,两手拦枪。

（3）左脚向左横跨呈半马步姿势。两手拿枪。

（4）蹬直右腿成左弓步。两手握枪向前扎。

（三）第二段

1. 转身弓步中平枪

（1）右腿蹬直，屈左腿膝上提，上体向左后方转动180°。右手将枪把握住提到右上方，左手握在枪杆中部稍靠上的位置，伸直两臂。

（2）还原左弓步。右手将枪把握住从上向下翻转，左手握枪杆向上摆起，利用转腰的力向前平扎。

2. 上步弓步推枪

（1）右转体成半马步姿势；两手握枪撤回。

（2）右脚向左前方跨出一步，两手握枪向上、向后、向下、再向前划立圆。

（3）右脚向左前方跨出一步呈右弓步姿势。两手将枪杆推向前下方，右手握枪把；左臂伸向左前方，枪尖保持斜向上。

3. 仆步低平枪

（1）左仆步姿势。

（2）双手握枪稍微向后撤，沿左腿内侧水平直刺。

4. 提膝抱枪

（1）直膝左转体，右脚向前一步跨出；左手抓在枪杆下段，右手抓在枪杆中段。

（2）左脚向前跨一步，向后摆动枪尖。

（3）左腿伸直，屈右膝上提；将枪尖由后向下、向前挑起，稍屈肘，左手置于左胯旁。

5. 提膝架枪

右脚落地，屈左膝上提，右腿蹬直。右手握在枪把，右臂后举，枪尖指向前下方，与膝在同一高度。双目注视枪尖。

6. 弓步拿、扎枪

（1）左脚落在右脚前，上体右转成半马步姿势。右手由上向下"拿枪"。

（2）右腿蹬直成左弓步。双手握枪向前平扎。

7. 马步盖把枪

（1）半马步姿势，双手握枪撤回。

（2）两手上滑使枪杆后移，枪尖指向斜前上方。

（3）右脚向前一步跨出，向左后方向转体，屈膝呈马步姿势；将枪把从后下向上、向前、向体右侧劈盖。右臂伸向右后方，左手屈抱在胸前，枪身几乎平直。

8. 舞花拿、扎枪

（1）右转体，右脚后撤一步。左手握枪向上、向前下压，右手握枪向左腋下绕行，使枪把向下、向后抡圆，枪尖向上、向前抡圆。

（2）左手握枪继续下压，右手向身体左侧伸直，双臂交叉于胸前。同时右转体，使枪尖沿右腿外侧后摆。

（3）左脚向前一步迈出，右手握枪向下、向后摆，停在右腰侧，左手握枪向上、向前抡摆，使枪尖向上、向前绕行。随即两手做拿枪动作向前平扎。

（四）第三段

1. 上步劈、扎枪

（1）稍微向左转体，提起右脚平蹬向前方。左手握枪微上提，向上前方挑枪尖。

（2）右脚落在左脚前，屈膝交叉半蹲。右手下压由上向前下劈。

2. 挑把转身拿、扎枪

（1）右转体成半马步姿势。两手握枪撤回。

（2）向左后方向转体，右脚向前一步迈出，两手松握枪杆使枪后缩，然后随着上步将枪挑起；向前伸展右臂,屈肘置于左腰侧,双目注视枪把。

（3）继续上挑,右脚尖内扣,屈左膝上提,向左后方转体 180°,使枪尖右下方绕行。

3.横裆步劈枪

（1）右转体成半马步。两手握枪撤回。

（2）右脚向后一步撤退,两手握枪使枪尖向前下方绕行；左脚向后一步撤退,屈右膝成左横裆步。两手握枪使枪尖向身后、向上、向前下劈,左臂向前伸展,右手停在右肋侧。

4.虚步下扎枪

左脚向前跨出,脚尖点地呈高虚步姿势。两手握枪向前上方扎出。双目注视枪尖。

5.歇步拿枪

（1）左转体,右手握枪把向右、向下画半圆；左臂前伸。

（2）屈膝下蹲成歇步。两手握枪拿枪,左臂伸向前方,右臂屈肘置于腹前,枪身保持平直。

6.马步单平枪

（1）两腿屈膝下蹲呈马步姿势。

（2）左手向左平伸立掌,右手握枪把向右平扎。

7.插步拦、拿中平扎枪

（1）上体向右后方向转。右手握枪把,左手前伸将枪杆中端握住。

（2）左脚向左一步跨出,右脚向左倒插。双手握枪拦枪。

（3）左脚向左一步跨出,屈膝半蹲呈半马步姿势。两手握枪拿枪。

（4）右腿蹬直,上体左转成左弓步。两手握枪向前平扎。

8.弓步拉枪

蹬直左腿,右转体,屈右膝半蹲成右弓步。右手握枪把拉向右肩前,左臂下压,使枪尖向后下方绕行,双目注视枪尖。

（五）第四段

1.转身中平枪

（1）左脚右跨一步并屈膝,蹬直右腿。

（2）右脚向左脚内侧移动,持枪姿势保持不变。

（3）身体向左后方向转,右脚向前一步跨出呈右弓步姿势。同时左手前伸,右手握枪把前向下、向腹前绕行,使枪尖向身后、向上画圆。上动不停,双手握枪向前平扎,双目注视枪尖。

2.转身拉枪

（1）左转体,提左膝,右脚支撑重心。

（2）右手握枪把向上提到右胸前,左手握在枪杆中段,在转体同时枪尖向身体左下侧绕行。双目注视枪尖。

3.插步拔枪

（1）左脚落在左侧成横档步,左手向前下方推送并稍向右手附近滑握;右手将枪把向左下方推,使枪尖向前下拨动。

（2）右脚向左插步;右手握枪把向右肋前拉,使枪尖向后拨动。

4.并步下扎枪

（1）左脚左跨一步,两手握枪使枪尖向前上方挑起。

（2）右脚并向左脚,直膝站立。两手握枪使枪尖向左前下方画弧扎出,向前伸左手,双目注视枪尖。

5.跳步中平枪

（1）右脚向前跨出一步,左脚向右脚靠近,屈膝稍上提。右手将枪把握住向下翻转,随后将枪把撤到右腰侧做拿枪动作,向前伸右手握在枪杆中段。

（2）左脚落在右脚前,屈膝呈左弓步姿势。双手握枪向前平扎。

6.拗步盖把枪

（1）右转体,左脚后撤。手握枪杆后缩,左臂于胸前屈肘,右手置于右胯侧。

（2）左转体,右手从后向上、向前绕行,使枪把向上、向前盖臂,左手收到腋下。双目注视枪把。

7.仆步劈枪、弓步中平枪

（1）左脚并向右脚,屈膝上提,两手握枪使枪尖向上、向前画弧。向前伸左手,右手置于右肋旁。

（2）右腿屈膝全蹲呈左仆步姿势。左手用力下劈枪杆,向前伸左臂,上体前倾,双目注视枪尖。

8.转身弓步中平枪

（1）双手握枪将枪杆后缩,右脚向前一步跨出,屈膝。右手握枪使枪把向下、向前上挑起,左手位于左胯旁。

（2）上体向左后方向转,屈左膝上提。右手握住枪把,向上举到头部顶,左手滑握向枪把。

（3）左脚下落,屈膝,左转体。两手握枪拿枪后向前平扎。

第五节　游泳运动锻炼指导

游泳运动一直深受青少年喜欢。游泳是一项全身的运动,能够很好地发展青少年的协调能力和心肺功能,这对促进青少年的健康成长具有积极意义,而且,在教练的指导下进行游泳也是一项非常安全的运动形式,很少会发生运动损伤的情况,这对于好动、自制力和身体控制能力都较为欠缺的青少年而言大有裨益。因此,很多青少年在低龄阶段就开始接触游泳运动。

一、仰泳锻炼指导

(一)身体姿势

仰泳时,身体仰卧在水中,接近水平面,保持水平位置,髋部可以稍微向下沉一些,为打腿提供便利。身体随手臂划水而向两侧转动,注意髋和腿不要侧摆,以免增加游进阻力(图6-2)。

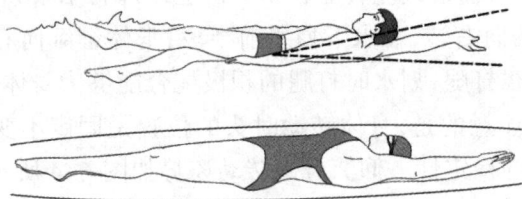

图6-2　仰泳身体姿势

1.身体位置

(1)水平直线性

从仰泳运动员的侧面观察来看,运动员身体在水中接近水平面,身体几乎成一条水平直线,髋稍屈,如果过分屈髋,会导致腿部上打时大腿露在水面上。头部位置自然,下颌内收,水位线在耳的下方,目视后上方。

(2)侧向直线性

从仰泳运动员的上面或下面观察来看,运动员髋、腿一直都在肩宽范围内。手臂划水、移臂时要控制好身体向两侧转动的幅度,尽可能避免因身体转动而对侧向直线性的身体姿势造成破坏。仰泳的身体位置如图6-3所示。

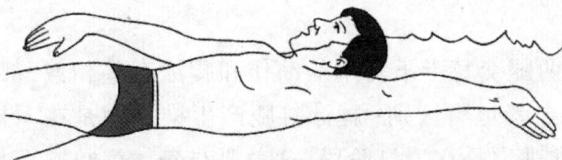

图6-3　仰泳的身体位置

2.身体转动

仰泳时,身体要随两臂轮流划水动作而转动,身体转动有利于克服髋和腿的侧摆。身体能否随手臂划水而合理转动,是身体能否保持良好直线性的关键。如果手臂划水时身体不能协调转动,或某个部位转动不合理,则身体很难维持良好的侧向直线姿势。

手臂划水时,身体向两侧的转动角度约为 45°,转动角度过大或过小都不合适。左臂移臂经过头顶时,身体开始向左转,左臂入水,第一次下划和上划时,身体继续左转。在第一次上划即将结束和准备第二次下划时,身体开始向右转,在水下划水前半段,身体继续向右转,腿在新的方向进行对角线打腿,划水时打腿的积极配合能够为身体的顺利转动提供帮助。需要注意的是,身体转动时头的位置是固定不变的,要尽可能保持头部姿势的稳定性。仰泳身体转动姿势如图 6-4 所示。[①]

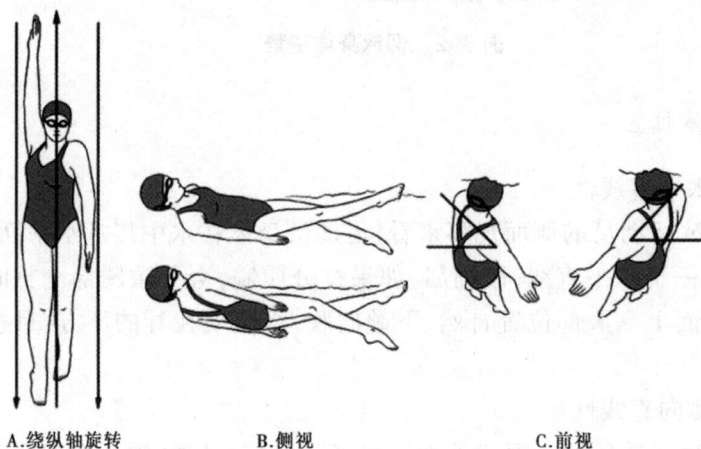

A.绕纵轴旋转　　　　　B.侧视　　　　　　　C.前视

图 6-4　仰泳身体转动姿势

(二)腿部技术动作

仰泳时,两腿交替上下打水的动作和爬泳有些相似,都是沿对角线交替打水,但二者也有区别;爬泳打腿产生推进力是在下打阶段,而仰泳打腿产生推进力是在上打阶段,这主要与身体姿势一个是俯卧,一个

① 许琦.现代游泳训练方法 [M].北京: 北京体育大学出版社,2007: 77.

是仰卧有关。

1. 上　打

仰泳时,腿打水产生推进力主要就是在上打阶段,上打也就是鞭状打水,稍屈髋,腿伸展,脚背屈,脚尖向上打水直到水面(图6-5)。

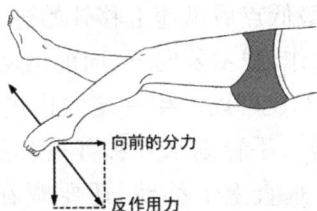

图6-5　仰泳腿部上打的作用力分析

前一次下打的结束部分就是下一次上打的开始部分,这与爬泳打腿是一样的。当腿向下打水至身体下方时,稍屈膝,大腿先开始进入上打阶段,带动整个腿向上打水。在水压的作用下,打水时屈膝角度加大,直观看上去腿还在下打,实际上已经从下打过渡到上打了。脚因水压的作用下而被向下压、向内屈,内扣成有利姿势,为腿伸展时脚向后推水提供了便利。大腿继续向上移,直至超过髋部,然后腿迅速伸展沿对角线方向上打,直到腿完全伸展并与水面接近。上打结束时,脚趾接近或稍高于水面。

仰泳运动员向上打水时,因为身体是仰卧姿势,屈膝稍大一些也不会使阻力增加,所以膝关节的弯曲度比爬泳运动员下打时大约多10°。

上打过程中,前面阶段主要通过腿伸展而产生推进力,此时小腿前侧和脚背向后踢水,小腿向上、向后移动。最后阶段,小腿只是向上踢水,不再向后移动,因此只有脚的动作能产生推进力。仰泳运动员踝关节的柔韧性很重要,这在向上打水中就能体现出来,踝关节柔韧灵活可以使脚背向后推水的时间延长一些,从而产生更大的推进力。

仰泳腿部的上打动作如图6-6所示。

2. 下　打

上打快要结束时会有一个反弹的下打动作。在向上打水的后半段,当小腿、脚还在继续向上打水时,膝部向上伸展,使大腿沿对角线向下移动,逐渐克服小腿和脚上打的惯性,开始进入下打阶段(图6-7)。上打结束后,为顺利开始下打,应略伸髋,当腿向下移至比身体位置低时,慢慢屈膝开始新的上打动作。

腿在向下打水的过程中一直保持介于屈和伸之间的自然状态,下打时腿部放松,腿和脚因水压的向上作用而能够维持正确的打水姿势。腿下打的动作力度较小,要比较轻柔地向下打水,当另一侧腿上打结束准备下打时,下打的腿到最低点后迅速上移开始进入上打阶段。向下打水是下一个上打的准备动作,腿主要向下、向前运动,不产生推进力。

仰泳中,腿部打水不仅可以产生一定的推进力,还能够使身体游进时保持良好的直线姿势。手臂划水和移臂很容易使身体的直线姿势遭到破坏,所以腿除了要垂直上下移动,还要顺着身体转动的方向来打水,即沿对角线打水,与身体转动协调配合,抵消手臂划水对身体姿势造成的不良影响,克服划水时身体摆动的弊端。

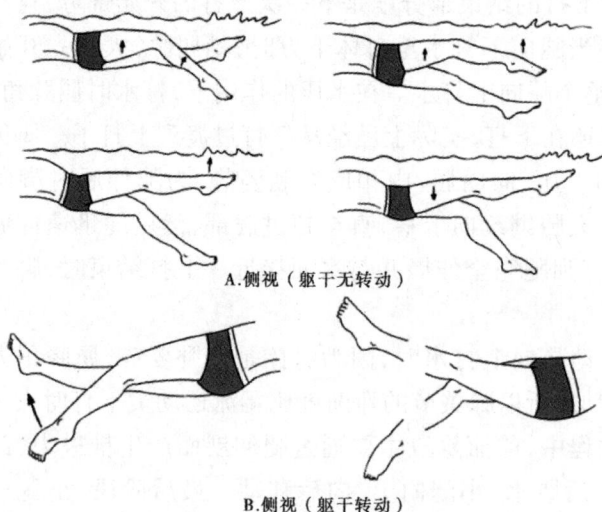

A.侧视（躯干无转动）

B.侧视（躯干转动）

图 6-6　仰泳腿部的上打动作

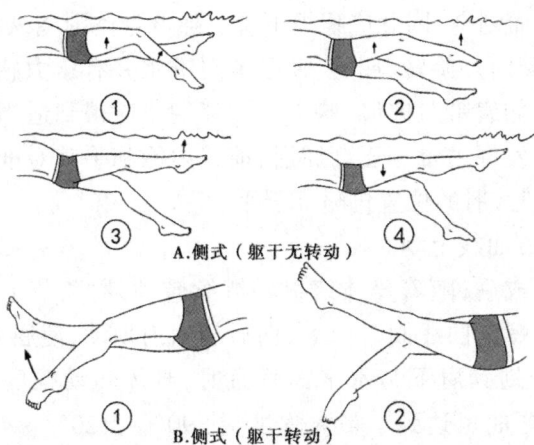

A.侧式（躯干无转动）

B.侧式（躯干转动）

图 6-7　仰泳下打动作

（三）手臂技术动作

仰泳中手臂动作包括四个部分，即入水、划水、出水、移臂。

1.入　水

仰泳臂的入水动作与身体的转动协调配合而成。一臂入水时，身体向同侧转动，可以加大手臂入水的深度。手的入水点应在头前，同侧肩的延长线上。手臂应伸直，肘关节不能弯曲，以小拇指领先，手掌朝外，干净利落地切入水中（图 6-8 ）。

图 6-8　仰泳入水

2.划　水

根据手臂转动方面的变化，可以将仰泳手臂的划水动作分为以下部分。

（1）沿螺旋曲线下划和抓水

手臂入水后，不宜立即向后划水，否则容易造成手划水离水面较浅，产生大量气泡而划空,因此应积极下滑。随着身体围绕纵轴的转动和积极地伸肩,手臂向外旋转、屈腕,使手掌对准水并有压力感。此时,划水的主要肌肉群如肩带肌肉群、胸大肌和背阔肌应得到适当的拉长,以便划水时能充分发挥力量。逐渐屈肘,前臂内侧和手掌对准后方,手指向外。抓水结束时,肘的位置仍略高于手。

(2)沿螺旋曲线上划

臂下划完成后,随着身体绕纵轴继续转动,肘关节下降,手在向后划水的同时沿螺旋曲线同时向上、向后和向内划动,使屈肘的程度逐渐加大。当手臂划到肩下与水平面垂直时,身体转动幅度达到最大,约45°,肘关节弯曲也达到了最大程度,约90°~120°。与爬泳的高肘划水相似,我们也称其为"高肘划水"。上划结束时手掌距离水面5~15厘米,指尖指向外上方。

(3)沿螺旋曲线鞭状下划

这个阶段臂的划水能够使身体获得最大的前进速度,因此也是划水中最关键的一个阶段,一定要加速完成。这个阶段开始于手划水划到S形划水路线的最上方时。在从上划到鞭状下划的转换阶段,手掌朝向后方划水,使身体获得阻力型推进力,然后身体开始向划水手臂的对侧转动,手臂沿螺旋曲线向下、向内和向后加速做划水,直至在大腿下完全伸直。

(4)第二次上划

在鞭状下划后和出水前为第二次上划。第二次上划的动作为手掌向后上方划水,手指朝下。这个动作是直臂、伸腕完成的。

3. 出　水

划水完成以后,手臂外旋,掌心指向大腿,借助手向下压水的反作用力和肩部肌肉的收缩,以及身体的自然转动,手臂迅速提拉出水面。出水时臂应伸直,压水提肩,使肩部首先出水,然后再带动上臂、前臂和手依次出水。

4. 移　臂

手出水后,手臂应迅速以直臂方式向前移动,上臂应贴耳。移臂的前半段,手掌向内,使手臂肌肉尽量得到放松;当手臂移到头上,即与水平面垂直时内旋,使掌心向外,为入水做好准备。

（四）呼吸技术

仰泳时，嘴巴和鼻子一直都在水面上，不会影响呼吸，但要注意将呼吸节奏保持好，以免因没有充分吸气而导致动作节奏混乱。

仰泳运动员比较常用的呼吸方法是一臂移臂时吸气，另一臂移臂时呼气，两次划水配合 1 次吸气。

（五）完整配合技术

基本上所有的仰泳运动员在比赛中都是采用 6 次打腿和 2 次划臂的配合方式，即在每个动作周期中，打腿 6 次（上打、下打各 6 次），划臂 2 次。完整配合方式是打腿、划臂、呼吸 6：2：1。

以左臂和腿的配合为例，从左手入水开始，左臂第一次下划时，左腿向外上打腿（右腿向外下），左臂抓水时，左腿上打结束。左臂进行第一次上划时，右腿上打结束。同时，右腿开始向上、向内打腿，直到左臂完成第一次上划动作。当身体向另一侧转动时，右腿上打完成。与此同时，左腿向下、向内打腿，但结束时应直腿向下。

当左臂第二次下划和第二次上划结束时，左腿又完成了一次上打。当左臂第二次下划时，左腿几乎直腿上打（右腿向下）。采用 3 峰划水模式的运动员，此时正完成最后两个划水阶段。采用双峰模式的运动员则在左手第二次下划时，左腿上打。右臂与腿的配合时机和左臂一样。

二、蛙泳锻炼指导

蛙泳不仅是四大泳姿中实用性最高、历史最悠久的泳姿，而且也是普及度最高的泳姿。蛙泳还是学习其他泳姿的基础，大多数的初学游泳者往往都是从蛙泳学起，因此，掌握蛙泳的基本技术和科学训练非常重要。

（一）身体姿势

在游蛙泳时，身体俯卧水中两臂从胸前向两侧做弧形地向外划、内

第六章　青少年参加不同体育项目的实践指导

划、前伸动作,两腿同时做收、翻、蹬夹的连续动作。需要注意的是,双臂和双脚的动作要对称、同时进行,保证蛙泳游动中的身体姿势平稳。由于蛙泳动作简单省力,可以较大范围地调节游动速度,且蛙泳的呼吸方式自然,可以长时间、长距离地游泳。在完成一个动作周期后有一个短暂的滑行阶段,此时应尽快将两臂和两腿伸直并拢以减小阻力,头略微抬起稍高于水平面,身体纵轴与水面成5°～10°角。当再次开始手臂划水时,肩部随着划水的进行而逐渐升高。当头部达最高点时大口吸气。以滑行为例,在游泳开始和结束时的身体姿势。在做滑行时身体保持俯卧于水面上,两臂前伸使身体保持水平和流线型(图6-9)。

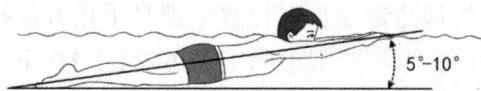

图6-9　滑行身体姿势

（1）蹬腿后身体的流线型:在蹬腿的推进力阶段,努力保持身体的流线型。在两臂开始前伸时蹬腿,然后迅速使身体恢复流线型姿态,且在蹬腿获得推进力的阶段低头使头在两臂间。

（2）抬头吸气的流线型:在呼吸阶段身体仍保持流线型。两臂前伸随后两手交叉握住、蹬腿,吸气,且保持身体的流线型。

（二）腿部技术动作

蛙泳腿部动作是推动身体前进的动力之一,尤其对于初学者而言,蛙泳的推进力绝大部分是来源于蹬腿的动作。因此,在刚开始学习蛙泳时一定要正确掌握蛙泳腿的腿部动作和技术细节。蛙泳腿的技术动作可分为收腿、翻脚、蹬夹腿以及滑行四步。

1. 收　腿

收腿技术是翻脚、蹬夹腿的准备动作。首先在开始收腿的同时屈膝并屈髋,两腿保持放松状态并缓慢地分开,小腿和脚应跟在大腿的后面。收腿时两腿的动作要放松、自然,顺应水的张力。收腿结束后,大腿与躯干之间形成130°～140°的角,膝关节折紧,脚后跟靠近臀部,小腿与水面垂直,两膝与肩同宽。

2. 翻　脚

翻脚实质上是从收腿到蹬水的一个过程,是收腿的继续、蹬水的开始。蹬水效果的好坏,一般取决于翻脚技术是否正确。为了增长蹬水的路线,随着收腿的进行两脚继续向臀部靠紧,同时大腿内旋两膝内压,待小腿收到位后紧跟着脚尖向两侧外翻,目的是尽量使脚掌内侧正对蹬水方向,使蹬水的受力面增大。翻脚时脚跟尽量收至臀部,如果技术动作正确的翻脚结束时,从后面看很像英文字母"W"。

3. 蹬　夹

蹬夹水技术包括蹬水和夹水两部分,两个动作应该连贯流畅,是不可分割的整体。蹬夹水技用力均匀,是由核心力量及大腿同时发力完成。蹬水的同时勾脚,保持用脚跟做向外、向侧、向后的快速有力的蹬水动作。整个蹬夹水技术是一个由慢至快的动作过程。

4. 滑　行

腿蹬夹结束后,由于蹬腿的惯性作用两腿有一个短暂的滑行阶段。这时两腿应尽量伸直并拢,腿部肌肉和踝关节自然放松,为下一个动作周期做好准备。滑行和收腿时都注意脚的形状尽量顺着水流,使水流不会突然改变方向。蛙泳腿部完整动作如图6-10所示。

(三)手臂技术动作

蛙泳的手臂动作起到关键作用,对于技术成熟的运动员而言,手臂动作承担了大部分的推进力量。因此,掌握蛙泳的手臂动作基本上决定了蛙泳的行进速度。蛙泳的手臂技术动作可分为开始姿势、抓水、外划、内划和伸臂五个部分。尽管分解为五个部分,但是在游蛙泳时每两个动作之间的衔接应该自然流畅、一气呵成地完成。

1. 开始姿势

蛙泳的开始姿势(图6-11)是指每一个动作周期结束后,都会重新回到开始姿势。蹬腿动作结束后,两臂在体前伸直并拢,双手十指自然伸直并拢,减小阻力。

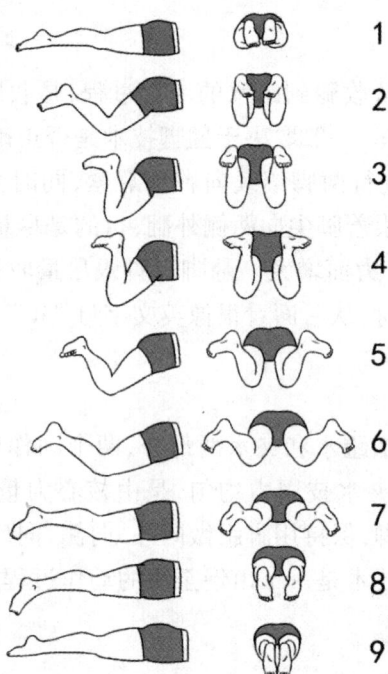

1
2
3
4
5
6
7
8
9

图 6-10　蛙泳腿部动作

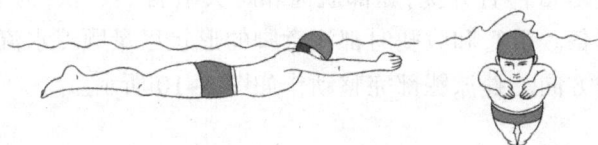

图 6-11　开始姿势

2. 抓　水

抓水（图 6-12）是划水前的准备动作。抓水技术是指前伸的手臂先内旋，使掌心转向两侧和后下方，之后稍微地勾起手腕并抓水，当感到水对手掌的压力时则用力划水。一般而言，抓水的动作是从双掌向两侧分开直至两臂分开程度与肩同宽或者略微宽于两肩。

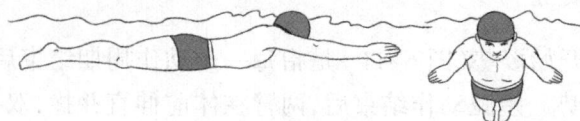

图 6-12　抓　水

3. 外　划

划水（图 6-13）技术是指手臂产生推进力的重要技术动作，双臂当完成抓水动作后随机进入划水动作。此时，双臂在向双侧的外、后、下方划水的同时，逐渐屈肘、提肘，前臂的移动速度明显要快于大臂，用力划水获得最大推进力。当两手划至肩的前侧下方时，两臂之间大约成120°，此时划水的角度达到最佳程度，两手之间的距离大于两肘的距离，外划动作结束。

图 6-13　外　划

4. 内　划

内划（图 6-14）是外划的延续，通过内划动作可以同时获得一些向前的推动力以及使身体上升的推力。开始内划时手转向内、后、下方划水，当两手划至最低点时，肘关节弯曲成接近 90°，此时双手和双肘同时向上运动，两手位于头的正下方，肘的位置低于手，肘关节弯曲成锐角时，内划结束。

图 6-14　内　划

5. 伸 臂

伸臂（图 6-15）是内划的延续。当内划结束时双臂向前伸展，逐渐回到开始姿势。注意在伸臂过程中，双掌应由原来的相对而逐渐转为倾斜向下，以获得最小的阻力。一次完整的手臂动作，可以想象其运动路线为一个倒置的心形，手臂的移动速度由慢到快，逐渐加速完成。

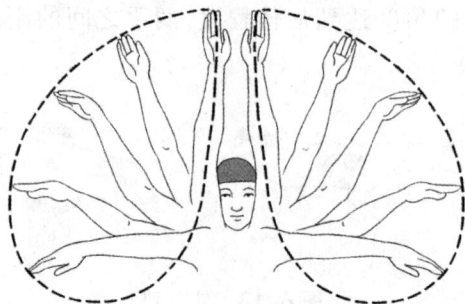

图 6-15 伸臂动作

（四）呼吸与手臂配合技术

蛙泳每划水一次吸气一次。优秀运动员通常在内划接近结束时吸气，吸气时间较短，伸臂后呼气。这种技术由于抬头时间短，身体重心和浮心失去平衡的时间短，因而阻力小，一般被高水平运动员采用（图6-16）。

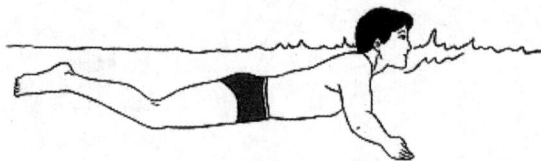

图 6-16 平式蛙泳吸气

如果说平式蛙泳的吸气还需要借助抬头才能完成的话，那么对波浪式蛙泳来说，吸气并不是依靠向上抬头来实现的，而是随着肩和躯干向上、向前的波浪动作，头自然地前伸，露出水面吸气（图6-17）。由于没有突然向上抬头，不会破坏身体前进的动量和身体的流线型，在吸气结束时，头还可以通过前摆插入水中减少阻力，引导伸肩和躯干的波浪动作。

图 6-17　波浪式蛙泳的前伸头吸气

（五）完整配合技术

蛙泳的配合技术最复杂。在分别掌握了手臂技术、腿部技术和呼吸技术之后，将三个技术结合在一起才是完整的蛙泳技术。一般多采用 1：1：1 的配合方式，即手臂的一个完整划水动作、一次完整的蹬腿动作和一次呼吸共同组成一套完整的蛙泳动作，即一个蛙泳动作周期。

在完整的蛙泳技术配合中，要保证每个技术动作都能做到位且不变形。从泳池边滑行出发，划水、吸气、蹬腿然后滑行要一气呵成，熟练地衔接每个技术。重点体会整体配合是相辅相成的，尽量做到流畅自如地完成，然后就可以开始正式的蛙泳练习了。

1. 平式蛙泳完整配合

常见的平式蛙泳配合技术是手臂外划水时，腿自然放松伸直，手内划时沉腿屈膝，手向前伸臂到 2/3~1/2 时快速蹬夹水。

2. 波浪式蛙泳完整配合

与平式蛙泳的"划水—蹬水"配合节奏不同，波浪式蛙泳的配合节奏是"划水—前冲—蹬水"。前冲是波浪式蛙泳的独特之处。它发生在内划结束和蹬水开始之间，此时手和前臂正好在水平面上并与水面平行快速前伸。划水和伸臂开始时胸背部反弓，前冲时背部上拱。

第六节　街舞运动锻炼指导

街舞是目前最为青少年群体喜爱的街头运动形式,由于街舞的表现形式非常炫酷,充满活力,而且街舞的装备十分新潮,与当前西方国家比较流行的嘻哈文化非常接近,因此在青少年群体中非常流行。街舞是西方文化的产物,不可避免地带有西方流行文化的痕迹,其中有些内容是不健康的,或者是对青少年的身心成长具有消极的影响,因此学校和家长应给予恰当的引导,学习街舞中积极阳光的一面,而杜绝其中消极有害的内容,即在进行教学锻炼时,应进行有选择的、批判式的教学。

一、上肢动作

(一)举

结合身体的上下律动起伏,手臂抬起并固定在某一方位上,如前举、侧举、后举等。

(二)屈　伸

手臂关节角度缩小为屈,扩大为伸。

(三)摆　动

在某一平面内,由某一部位匀速运动到另一部位,如手臂以肩关节或肘关节为轴摆动。

（四）振

手臂加速度摆动,有臂上后振、臂侧后振等。

（五）绕和绕环

手臂从上举或侧举、前举和下垂姿势开始,向前、后、左、右、内、外等不同方向绕和绕环。

二、下肢动作

（一）走　步

迈步移动,向前走时脚跟先落地,再过渡到前脚掌,膝盖要有弹动（移动中的踏步）。落地时,膝关节与踝关节要有弹性缓冲。

（二）交叉步

一只脚向体侧迈一步,另一只脚在其后交叉,随后再向体侧迈一步。重心跟随步伐移动,动作连接要快。

（三）弹　动

膝关节有弹性地屈伸,踝关节有弹性地缓冲,身体放松。

（四）点　地

踝关节有弹性地屈伸,用脚尖触地。点地时主力腿屈膝,另一条腿伸直。

（五）开　步

左脚尽量向左侧迈出，右脚不动，两膝略屈，左脚退回开始位置；换右脚，重复练习。

（六）弹　踢

左脚抬起，快速弹向前方、侧方或后方并落地；改变支撑腿，重复练习。

三、躯干动作

（一）胸部动作

肩胛骨外展、收缩，胸部随之向前挺起、内收。挺胸时，上体不动，胸部像吸满气，向前挺起；内收时含胸、收肩。

（二）腰部动作

脊柱弯曲，身体核心部位（腰腹部）沿垂直轴向前、后、左、右方向大幅度扭转，动作连贯有弹性。

（三）髋部动作

骨盆向前、后、侧方向顶髋、提髋、摆髋。顶髋时结合手臂动作和步伐移动；提髋时快速向上用力，动作协调；摆髋时髋部保持水平位。

（四）身体波浪

头部、肩部、髋部依次向体侧移动，再依次还原，形成波浪。

参考文献

[1] 沈洪 . 学生体育运动安全手册教师用书 [M]. 上海：华东师范大学出版社,2019.

[2] 顾长海 . 现代运动训练理论与实践研究 [M]. 上海：同济大学出版社，2018.

[3] 王哲 . 全民健身背景下青少年体质健康与促进研究 [M]. 长春：吉林人民出版社,2021.

[4] 赵子建,谢国臣 . 排球 [M]. 重庆：重庆大学出版社,2017.

[5] 周梅芳 . 大学体育运动与康复训练研究 [M]. 西安：西安交通大学出版社,2017.

[6] 谭思洁,王健,郭玉兰 . 青少年运动健康促进导论 [M]. 北京：知识产权出版社,2012.

[7] 曹青军 . 运动训练理论与实践 [M]. 北京：北京理工大学出版社,2010.

[8] 傅永吉等 . 青少年健康人格与养成 [M]. 北京：北京理工大学出版社,2012.

[9] 唐炎,朱维娜 . 体育人才学 [M]. 重庆：西南师范大学出版社,2006.

[10] 龙春生 . 体能训练法 [M]. 沈阳：辽宁大学出版社,2009.

[11] 邱军 . 运动损伤的预防与康复 [M]. 北京：人民体育出版社，2006.

[12] 牛映雪，鹿国晖，刘杨 . 体育保健与运动康复技术 [M]. 北京：化学工业出版社，2016.

[13] 牟少华，万京 . 体能学 [M]. 北京：人民体育出版社，2007.

[14] 全国体育院校教材委员会审定 . 运动训练学 [M]. 北京：人民体育出版社，2000.

[15] 王琳，薛锋 . 运动训练理论研究 [M]. 北京：中国社会科学出版社，2014.

[16] 季建成 . 体育与生命安全教育 [M]. 北京：北京体育大学出版社，2012.

[17] 李英丽，胡元斌 . 学校运动安全与教育活动 [M]. 合肥：安徽人民出版社，2012.

[18] 程燕，许琦 . 游泳运动训练科学化理论及方法的研究 [M]. 北京：北京体育大学出版社，2006.

[19] 许琦 . 现代游泳训练方法 [M]. 北京：北京体育大学出版社，2007.

[20] 于泉海，斯力格 . 青少年足球训练及教育指导 [M]. 沈阳：辽宁大学出版社，2009.

[21] 李志强，芦军志 . 篮球 [M]. 广州：华南理工大学出版社，2009.

[22] 朱波涌，周家金 . 田径运动教学与训练实践研究 [M]. 成都：西南交通大学出版社，2016.

[23] 荣慧珠 . 学前儿童体育教育 [M]. 西安：西北大学出版社，2017.

[24] 王岚 . 让孩子动起来：幼儿园体育活动全课程 [M]. 北京：农村读物出版社，2010.

[25] 曾理，曾洪林，李治 . 高校体能训练理论与训练教学指南 [M]. 北京：新华出版社，2018.

[26] 王向宏 . 体能训练理论与方法 2 版 [M]. 北京：北京航空航天大学出版社，2014.

[27] 金华丽，陈胜龙 . "双减"政策下青少年体质健康发展的机遇、挑战与促进策略 [J]. 青少年体育，2022，No.116（12）：41-43.

[28] 刘莹，苑廷刚，敬龙军等 . "双减"政策下促进青少年体质健康发展机遇、挑战与路径 [J]. 体育文化导刊，2022，No.238（04）：53-59.

[29] 第荣俊,常菊芬,蒋孝辉.武术进校园,对促进学生德育教育的思考[J].武当,2023（04）:44-45.

[30] 张军,韩娟,章翔.中小学体育游戏课程设置应用探究[J].武术研究,2023,8（06）:153-156.

[31] 陈应元,张鑫,何欣琳等.花样跳绳教学与训练方法[J].当代体育科技,2023,13（11）:186-189.

[32] 裴梦冉.花样跳绳技能学习层次与练习方法的研究[D].哈尔滨师范大学,2022.